초등 문해력, **쓰기**로 완성한다!

# 기적의
# 독서 논술

길벗스쿨

# 기 적 의 독서 논술 **8**권 초등 4학년

**초판 1쇄 발행** 2020년 2월 2일
**개정 1쇄 발행** 2024년 4월 11일

**지은이** 기적학습연구소
**발행인** 이종원
**발행처** 길벗스쿨
**출판사 등록일** 2006년 6월 16일
**주소** 서울시 마포구 월드컵로 10길 56(서교동 467-9)
**대표 전화** 02)332-0931 | **팩스** 02)323-0586
**홈페이지** www.gilbutschool.co.kr | **이메일** gilbut@gilbut.co.kr

**기획** 신경아(skalion@gilbut.co.kr) | **책임 편집** 박은숙, 유명희, 이은정
**제작** 이준호, 손일순, 이진혁 | **영업마케팅** 문세연, 박선경, 박다슬 | **웹마케팅** 박달님, 이재윤, 나혜연
**영업관리** 김명자, 정경화 | **독자지원** 윤정아

**디자인** 디자인비따 | **전산편집** 디그린, 린 기획
**편집 진행** 이은정 | **교정 교열** 백영주
**표지 일러스트** 이승정 | **본문 일러스트** 이주연, 루인, 조수희, 백정석, 김지아
**CTP출력 및 인쇄** 교보피앤비 | **제본** 경문제책

ISBN 979-11-6406-686-5 64710
(길벗스쿨 도서번호 10946)
정가 13,000원

## 아이가 주인공인 책

아이는 스스로 생각하고 매일 성장합니다.
부모가 아이를 존중하고 그 가능성을 믿을 때
새로운 문제들을 스스로 해결해 나갈 수 있습니다.

〈기적의 학습서〉는 아이가 주인공인 책입니다.
탄탄한 실력을 만드는 체계적인 학습법으로
아이의 공부 자신감을 높여 줍니다.

아이의 가능성과 꿈을 응원해 주세요.
아이가 주인공인 분위기를 만들어 주고,
작은 노력과 땀방울에 큰 박수를 보내 주세요.
〈기적의 학습서〉가 자녀 교육에 힘이 되겠습니다.

나는 식당을 열어

서 고아원 아이들을

그리고

도 와 줄겁니다.

아이돌이되어 웃게 해줄겁니다

성우도되어 어린이들 웃게 할겁니다

○ 조심조심 착은히 통그

해야된다.

숙제가 하기 싫었는데 해미소리덕에

한걸기운이좋아졌다

나무들이 쑥쑥 자라

도시 한곳 간에

사람들이 머물다 갈수

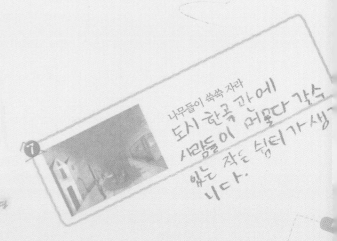

있는 작은 쉼터가생깁

니다.

빠를 태두

○ 다섯친구들을 아주 웅감하

다. ☺ 다섯친구들 ◎ ✕ ☺

☆ 너무 좋 다.

어이없이 소원을빌어의

이제 나무를 잘 패세요.

그 다섯 명이

셀줄도 모르고

덤벼서 너무 아

프고 억울해

또 만나면 혼

내줄거야

✕ ✕ ✕

호랑이

| 언제 | 새벽 5시에 |
|---|---|
| 어디에서 | 집에서 |
| 누구와 | 나와 |
| 무슨일 | 더워서 새벽5시에일어났일러 |

## [기적의 독서 논술] 샘플을 먼저 경험한 전국의 주인공들

강민준　공현욱　구민서　구본준　권다은　권민재　김가은　김규리　김도연　김서현　김성훈
김윤아　김은서　김정원　김태완　김현우　남혜인　노윤아　노혜욱　류수영　박선율　박세은
박은서　박재현　박주안　박채운　박채환　박현우　배건웅　서아영　손승우　신예나　심민규
심준우　양서정　오수빈　온하늘　원현정　유혜수　윤서연　윤호찬　이　솔　이준기　이준혁
이하연　이효정　장보경　전예찬　전헌재　정윤서　정지우　조연서　조영민　조은상　주하림
지예인　진하윤　천태희　최예린　최정연　추예은　허준석　홍주원　홍주혁

"
고맙습니다.
우리 친구들 덕분에 이 책을 잘 만들 수 있었습니다.
"

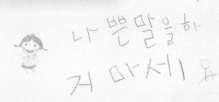

안녕? 난 **뚱**이라고 해. 2019살이야.

디자이너 비따쌤이 만들었는데, 길벗쌤이 날 딱 보더니 엉뚱한 생각을 많이 할 것 같다고

'뚱'이란 이름을 지어 줬어. (뚱뚱해서 지은 거 아니야! 화났뚱) 나는 이 책에 가끔 나와.

새싹뚱, 글자뚱, 읽는뚱, 쓰는뚱, 생각뚱, 탐구뚱, 박사뚱, 말뚱, 놀뚱, 쉴뚱! (☁️ **뚱** 아니야! 잘 봐~)

너희들 읽기도 쓰기도 하는 둥 마는 둥 할까 봐 내가 아주 걱정이 많아. 그래서 살짝뚱 도와줄 거야.

**같이 해 보자고!! 뚱뚱~~**

'읽다'라는 동사에는 명령형이 먹혀들지 않는다.

　이를테면 '사랑하다'라든가 '꿈꾸다' 같은 동사처럼,

'읽다'는 명령형으로 쓰면 거부 반응을 일으키는 것이다. 물론 줄기차게 시도해 볼 수는 있다.

"사랑해라!", "꿈을 가져라."라든가, "책 좀 읽어라, 제발!", "너, 이 자식, 책 읽으라고 했잖아!"라고.

　효과는? 전혀 없다.

－『다니엘 페나크, 〈소설처럼〉 중에서 』

　이 책을 기획하면서 읽었던 많은 독서 교육 관련 책 중에 가장 기억에 남는 구절이었습니다. 볼거리와 놀거리가 차고 넘치는 세상에서 아이들에게 그럼에도 불구하고 '독서가 답이야.'라고 말해 주고 싶어서 이 책을 기획했습니다. 그래서 어떻게 하면 '독서(읽다)와 논술(쓰다)'이라는 말이 명령형처럼 들리지 않을까 고민했습니다. '혼자서도 할 수 있어.'에서 '같이 해 보자.'로 방법을 바꿔 제안합니다.

　독서도 연산처럼 훈련이 필요한 학습입니다. 글자를 뗀 이후부터 혼자서 책을 척척 찾아 읽고, 독서 감상문도 줄줄 잘 쓰는 친구가 있을까요? 처음에는 쉽지 않습니다. 초보 독서에서 벗어나 능숙한 독서가로 성장하기 위해서는 무릇 학교 선생님(부모님)의 도움이 필요합니다. 가랑비에 옷 젖듯, 매일 조금씩 천천히 함께 책 읽는 시간을 가져 보세요. 그리고 읽은 것에 대해 이런저런 대화를 나누어 보세요. 함께 책을 읽는 연습이 되어야 생각하는 힘이 생기고, 자기 생각을 표현하는 방법도 깨우치게 됩니다.

　아이가 잘 읽고 있다고 생각할 수 있지만, 내용을 금방 파악하기 어려울 수 있습니다. 이럴 때 부모님께서 함께 글의 내용을 떠올려 봐 주시고, 생각의 물꼬를 터 주신다면 아이들은 쉽게 글 속으로 빠져들게 될 것입니다.

　생각을 표현하는 것 또한 녹록지 않을 수 있습니다. 처음부터 완벽한 문장으로 쓰기를 기대하지 마세요. 읽는 것만큼 쓰는 것도 자주 해 봐야 늡니다. 쓰기를 특히 어려워한다면 말로 표현해 보라고 먼저 권유해 주세요. 한 주에 한 편씩 읽고 쓰고 대화하는 동안에 공감 능력과 이해력이 생기고, 생각하고 표현하는 능력이 향상될 것입니다.

　초등 공부는 읽기로 시작해서 쓰기로 완성됩니다. 지금 이 책이 그 효과적인 독서 교육 방법을 제안합니다. 이 책을 선택하신 무릇 학교 선생님, 우리 아이에게 딱 맞는 독서 교육가가 되어 주십시오. 아이와 함께 할 때 효과는 배가 될 것입니다.

2020. 2

기적학습연구소 일동

〈기적의 독서 논술〉은 매주 한 편씩 깊이 있게 글을 읽고 생각을 쓰면서 사고력을 키우는 초등 학년별 독서 논술 프로그램입니다.

눈에만 담는 독서에서 벗어나, 읽고 떠오르는 생각과 감정을 밖으로 표현해 보세요. 매주 새로운 글을 통해 생각 훈련을 하다 보면, 어휘력과 독해력은 물론 표현력까지 기를 수 있습니다. 예비 초등을 시작으로 학년별 2권씩, 총 14권으로 구성되어 있습니다.

* 초등 고학년(5~6학년)을 대상으로 한 〈기적의 역사 논술〉도 함께 출시되어 있습니다. 〈기적의 역사 논술〉은 매주 한 편씩 한국사 스토리를 통해 역사적 맥락을 이해하고, 그 의미를 파악하며 생각을 써 보는 통합 사고력 프로그램입니다.

## 1 학년(연령)별 구성

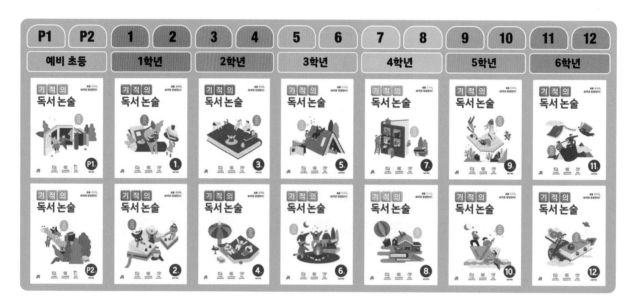

### 학년별 2권 구성

한 학기에 한 권씩 독서 논술을 테마로 학습 계획을 짜 보는 것은 어떨까요?

### 독서 프로그램 차등 설계

읽기 역량을 고려하여 본문의 구성도 차등 적용하였습니다.

예비 초등과 초등 1학년은 짧은 글을 중심으로 장면별로 끊어 읽는 독서법을 채택하였습니다. 초등 2~4학년은 한 편의 글을 앞뒤로 나누어 읽도록 하였고, 초등 5~6학년은 한 편의 글을 끊지 않고 쭉 이어서 읽도록 하였습니다. 글을 읽은 뒤에는 글의 내용을 확인 정리하면서 생각을 펼칠 수 있도록 설계하였습니다.

선택 팁 단계별(학년별)로 읽기 분량이나 서술·논술형 문제에 난이도 차가 있습니다. 아이 학년에 맞게 책을 선택하시되 첫 주의 내용을 보시고 너무 어렵겠다 싶으시면 전 단계를, 이 정도면 수월하겠다 싶으시면 다음 권을 선택하셔서 학습하시길 추천드립니다.

## ② 읽기 역량을 고려한 다채로운 읽기물 선정 (커리큘럼 소개)

| 권 | 주 | 읽기물 | 주제 | 장르 | 비고 | 특강 |
|---|---|---|---|---|---|---|
| P1 | 1 | 염소네 대문 | 친구 사귀기 | 창작 동화 | 인문, 사회 | 한 장면 생각 표현 |
| | 2 | 바람과 해님 | 지혜, 온화함 | 명작 동화 | 인문, 과학 | |
| | 3 | 임금님 귀는 당나귀 귀 | 비밀 지키기 | 전래 동화 | 인문, 사회 | |
| | 4 | 숲속 꼬마 사자의 변신 | 바른 태도로 듣기 | 창작 동화 | 사회, 언어 | |
| P2 | 1 | 수상한 아저씨의 뚝딱 목공소 | 편견, 직업 | 창작 동화 | 인문, 기술 | 한 장면 생각 표현 |
| | 2 | 짧아진 바지 | 효, 소통 | 전래 동화 | 사회, 문화 | |
| | 3 | 레옹을 부탁해요 | 유기묘, 동물 사랑 | 창작 동화 | 인문, 과학 | |
| | 4 | 어리석은 소원 | 신중하게 생각하기 | 명작 동화 | 인문, 사회 | |
| 1 | 1 | 글자가 사라진다면 | 한글의 소중함 | 창작 동화 | 언어, 사회 | 그림일기 사람을 소개하는 글 |
| | 2 | 노란색 운동화 | 쓸모와 나눔 | 창작 동화 | 사회, 경제 | |
| | 3 | 재주 많은 다섯 친구 | 재능 | 전래 동화 | 인문, 기술 | |
| | 4 | 우리는 한 가족 | 가족 호칭 | 지식 동화 | 사회, 문화 | |
| 2 | 1 | 토끼의 재판 | 은혜, 이웃 도와주기 | 전래 동화 | 인문, 사회 | 일기 물건을 설명하는 글 |
| | 2 | 신통방통 소식통 | 감각 기관 | 설명문 | 과학, 기술 | |
| | 3 | 숲속 거인의 흥미진진 퀴즈 | 도형 | 지식 동화 | 과학, 수학 | |
| | 4 | 열두 띠 이야기 | 열두 띠가 생겨난 유래 | 지식 동화 | 사회, 문화 | |
| 3 | 1 | 당신이 하는 일은 모두 옳아요 | 믿음 | 명작 동화 | 인문, 사회 | 부탁하는 글 편지 |
| | 2 | 바깥 활동 안전 수첩 | 안전 수칙 | 설명문 | 사회, 안전 | |
| | 3 | 이르기 대장 나최고 | 이해, 나쁜 습관 | 창작 동화 | 인문, 사회 | |
| | 4 | 우리 땅 곤충 관찰기 | 여름에 만나는 곤충 | 관찰 기록문 | 과학, 기술 | |
| 4 | 1 | 고제는 알고 있다 | 친구 이해 | 창작 동화 | 인문, 사회 | 책을 소개하는 글 관찰 기록문 |
| | 2 | 여성을 위한 변호사 이태영 | 위인, 남녀평등 | 전기문 | 사회, 문화 | |
| | 3 | 염색약이냐 연필깎이냐, 그것이 문제로다! | 현명한 선택 | 경제 동화 | 사회, 경제 | |
| | 4 | 내 직업은 직업 발명가 | 직업 선택 | 지식 동화 | 사회, 기술 | |
| 5 | 1 | 지하 정원 | 성실함, 선행 | 창작 동화 | 사회, 철학 | 독서 감상문 제안하는 글 |
| | 2 | 내 친구가 사는 곳이 궁금해 | 대도시와 마을 | 지식 동화 | 사회, 지리 | |
| | 3 | 팥죽 호랑이와 일곱 녀석 | 배려와 공감 | 반전 동화 | 인문, 사회 | |
| | 4 | 수다쟁이 피피의 요란한 바다 여행 | 환경 보호, 미세 플라스틱 문제 | 지식 동화 | 과학, 환경 | |
| 6 | 1 | 여행 | 여행, 체험 | 동시 | 인문, 문화 | 설명문 시 |
| | 2 | 마녀의 빵 | 적절한 상황 판단 | 명작 동화 | 인문, 사회 | |
| | 3 | 숨바꼭질 | 자존감 | 창작 동화 | 사회, 문화 | |
| | 4 | 한반도의 동물을 구하라! | 한반도의 멸종 동물들 | 설명문 | 과학, 환경 | |
| 7 | 1 | 작은 총알 하나 | 전쟁 반대, 평화 | 창작 동화 | 인문, 평화 | 기행문 논설문 |
| | 2 | 백제의 숨결, 무령왕릉 | 문화 유산 답사 | 기행문 | 역사, 문화 | |
| | 3 | 돌멩이 수프 | 공동체, 나눔 | 명작 동화 | 사회, 문화 | |
| | 4 | 우리 교실에 벼가 자라요 | 식물의 한살이 | 지식 동화 | 과학, 기술 | |
| 8 | 1 | 헬로! 두떡 마켓 | 북한 주민 정착 | 창작 동화 | 사회, 문화 | 기사문 연설문 |
| | 2 | 2005 스탠퍼드대학교 졸업식 연설문 | 끊임없는 도전 정신 | 연설문 | 과학, 기술 | |
| | 3 | 피부색으로 차별받지 않는 무지개 나라 | 편견과 차별 | 지식 동화 | 문화, 역사 | |
| | 4 | 양반전 | 위선과 무능 풍자 | 고전 소설 | 사회, 문화 | |

## 3 어휘력 + 독해력 + 표현력을 한번에 잡는 3단계 독서 프로그램

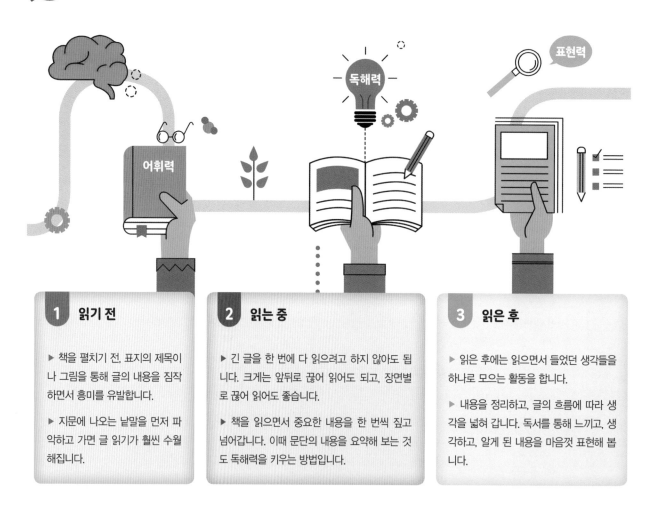

**1 읽기 전**

▶ 책을 펼치기 전, 표지의 제목이나 그림을 통해 글의 내용을 짐작하면서 흥미를 유발합니다.

▶ 지문에 나오는 낱말을 먼저 파악하고 가면 글 읽기가 훨씬 수월해집니다.

**2 읽는 중**

▶ 긴 글을 한 번에 다 읽으려고 하지 않아도 됩니다. 크게는 앞뒤로 끊어 읽어도 되고, 장면별로 끊어 읽어도 좋습니다.

▶ 책을 읽으면서 중요한 내용을 한 번씩 짚고 넘어갑니다. 이때 문단의 내용을 요약해 보는 것도 독해력을 키우는 방법입니다.

**3 읽은 후**

▶ 읽은 후에는 읽으면서 들었던 생각들을 하나로 모으는 활동을 합니다.

▶ 내용을 정리하고, 글의 흐름에 따라 생각을 넓혀 갑니다. 독서를 통해 느끼고, 생각하고, 알게 된 내용을 마음껏 표현해 봅니다.

### 예비 초등~1학년의 독서법

**읽기 능력을 살리는 '장면별 끊어 읽기'**

창작/전래/이솝 우화 등 짧지만 아이들의 감성을 자극하고 공감을 끌어낼 수 있는 이야기글을 수록하였습니다. 어린 연령일수록 읽기에 대한 거부감을 줄이고, 독서에 대한 재미를 더합니다.

### 2학년 이상의 독서법

**사고력과 비판력을 키우는 '깊이 읽기'**

동화뿐 아니라 시, 전기문, 기행문, 설명문, 연설문, 고전 등 다양한 갈래를 다루고 있습니다. 읽기 능력 신장을 위해 저학년에 비해 긴 글을 앞뒤로 나누어 읽어 봅니다. 흥미로운 주제와 시공간을 넘나드는 폭넓은 소재로 아이들의 생각을 펼칠 수 있게 하였습니다.

# 4 사고력 확장을 위한 서술·논술형 문제 출제

**공감적 사고** · **논리적 사고** · **균형적 사고** · **창의적 사고** · **비판적 사고**

> **초등학생에게 논술은 '생각 쓰기 연습'에 해당합니다.**

교육 평가 과정이 객관식에서 주관식 평가로 점차 변화하고 있습니다. 학교에서는 지필고사를 대신한 수행평가가 수시로 이루어지고 있습니다. 정오답을 찾는 단선적인 객관식보다 사고력을 평가할 수 있는 주관식의 비율이 높아지고, 국어뿐 아니라 수학, 사회, 과학 등 서술형 평가가 확대되고 있습니다. 이런 평가를 대비하여 글을 읽고, 생각을 표현하는 방법을 다각도로 훈련할 수 있도록 구성하였습니다.

이 책에서 출제된 서술·논술형 문제 유형은 다음과 같습니다.

> "만약에 나라면 어떻게 했을지 쓰세요." 균형, 비판

> "왜 그런 행동(말)을 했을지 쓰세요." 공감, 논리

> "다음과 같은 상황에 처했을 때 주인공은 어떻게 했을지 쓰세요." 창의, 비판

> "등장인물에게 나는 어떤 말을 해 주고 싶은지 쓰세요." 공감, 균형

> "A와 B의 비슷한(다른) 점은 무엇인지 쓰세요." 논리, 비판

글을 읽을 때 생각이 자라지만, 생각한 바를 표현할 때에도 사고력은 더 확장됩니다. 꼼꼼하게 읽고, 중간중간 내용을 확인한 후에 전체적으로 읽은 내용을 정리해 봄으로써 생각을 다듬고 넓혀 갈 수 있습니다. 한 편의 글을 통해 주인공의 입장이 되어 보기도 하고, '나라면 어땠을까?'를 생각해 보는 연습이 논술에 해당합니다. 하나의 주제를 담고 있는 글을 읽고 내용의 옳고 그름을 판단하기도 하고, 글의 전체적인 맥락을 파악함으로써 논리적이고 비판적인 사고를 할 수 있습니다.

> **지도팁** 장문의 글을 써야 하는 논술 문제는 없지만, 자신의 생각을 마음껏 표현할 수 있게 유도해 주세요. 글로 바로 쓰는 게 어렵다면 말로 표현해 볼 수 있도록 지도해 주시기 바랍니다. 말로 표현한 것을 문장으로 다듬어 쓰다 보면, 생각한 것이 어느 정도 정리됩니다. 여러 번 연습한 후에 논리가 생기고, 표현력 또한 자라게 될 것입니다. 다소 엉뚱한 대답일지라도 나름의 논리와 생각의 과정이 건강하다면 칭찬을 아끼지 마십시오.

**4학년을 위한 7권 / 8권**

4학년이면 이제 그림책보다는 글줄이 더 많은 이야기책을
읽을 수 있어야 합니다. 이야기책은 물론 다양한 주제와
소재를 다루고 있는 비문학 글도 접하는 것이 좋습니다.

관심 있는 주제의 이야기를 읽은 후에는
관련 도서를 더 찾아보는 것을
추천합니다.

## 공부 계획 세우기

**13쪽**
**권별** 전체 학습 계획

**주차 학습
시작 페이지**
**주별** 학습 확인

### 한 주에 한 편씩, 5일차 학습 설계

학습자의 읽기 역량에 따라 하루에 1~2일차를 이어서 할 수도 있고, 1일차씩 끊어서 학습할 수도 있습니다.
계획한 대로 학습이 이루어졌는지 자기 점검을 꼭 해 보세요.

## 🌸 학년별 특강 [갈래별 글쓰기]

국어과 쓰기 학습에 필요한 '갈래별 글쓰기' 연습을 통해 표현력을 키울 수 있도록 구성하였습니다.

그림일기를 시작으로 기행문, 논설문까지 국어 교과서에서 학년별로 다루는 다양한 갈래의 개념을 설명하고, 이를 구조적으로 쉽게 풀어서 쓸 수 있는 방법을 연습합니다.

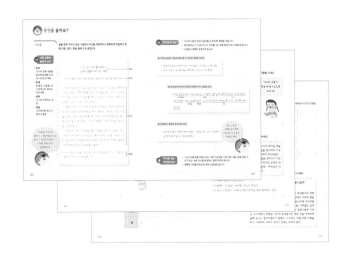

 **지도팁** 쓰기에 취약한 친구들은 단계적으로 순서를 밟아 쓸 수 있도록 해 주세요.

## 🌸 온라인 제공 [독서 노트]

길벗스쿨 홈페이지(www.gilbutschool.co.kr) 자료실에서 독서 노트를 내려받아 활용할 수 있습니다. 책을 읽고 느낀 점이나 인상 깊었던 점을 간략하게 쓰거나 그리고, 재미있었는지도 스스로 평가해 봅니다. 이 책에 제시된 글뿐만 아니라 추가로 읽은 책에 대한 독서 기록을 남길 수도 있습니다.

▶**길벗스쿨 홈페이지**
독서 노트 내려받기

매일 조금씩 책 읽는 습관이
아이의 사고력을 키웁니다.

## 3단계 독서 프로그램

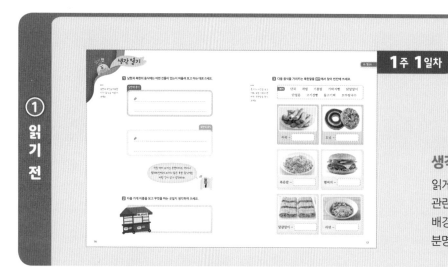

### ① 읽기 전

**1주 1일차**

### 생각 열기

읽게 될 글의 그림이나 제목과
관련지어서 내용을 미리 짐작해 본다거나
배경지식을 떠올리면서 읽는 목적을
분명히 하는 활동입니다.

### ② 읽는 중

**1주 2일차**

### 생각 쌓기

학습자의 읽기 역량에 따라 긴 글을
장면별로 끊어 읽기도 하고, 전후로 크게
나누어 읽어 봅니다. 부모님과 함께
소리 내어 읽어 보는 것은 어떨까요?

**한줄톡!** 은 읽은 글의 내용을 한 문장으로
요약해 보는 활동입니다.

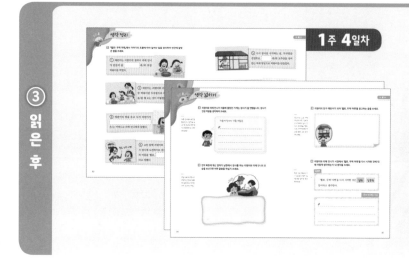

### ③ 읽은 후

**1주 4일차**

### 생각 정리

글의 내용을 한눈에 정리해 보는 활동입니다.
장면을 이야기의 흐름대로 정리해 볼 수도
있고, 주요 내용을 채워서 이야기의
흐름을 완성할 수도 있습니다.

### 생각 넓히기

다양한 사고력을 필요로 하는 서술·논술형
문제들입니다. 글을 읽고 생각한 바를
다양한 방법으로 표현해 볼 수 있습니다.

## 낱말 탐구

글에 나오는 주요 어휘를
미리 공부하면서 읽기를 조금 더 수월하게
이끌어 갑니다. 뜻을 모를 때에는
가이드북을 참고하세요.

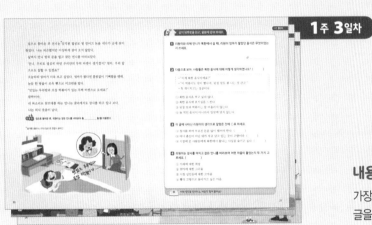

**1주 3일차**

## 내용 확인 (독해)

가장 핵심적인 독해 문제만 실었습니다.
글을 꼼꼼하게 읽었는지 확인할 수 있습니다.

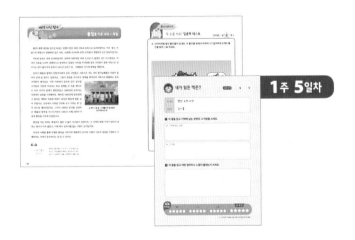

**1주 5일차**

## 배경지식 탐구 / 쉬어가기

읽은 글의 내용과 관련된 배경지식을
담았습니다. 주제와 연관된 추천 도서도
살펴볼 수 있습니다. 잠깐 쉬면서
머리를 식히는 코너도 마련했습니다.

## 독서 노트

읽은 책에 대한 감상평을 남겨 보세요.
별점을 매기며 종합적으로 평가해
보는 것도 좋습니다.

## 차례

* 한 주에 한 편씩 계획을 세워 독서 다이어리를 완성해 보세요.

자유롭게
적어 봐~

| 주차별 | 읽기 전 | 읽는 중 | 읽은 후 | |
|---|---|---|---|---|
| 글의 제목 | 생각 열기<br>낱말 탐구 | 생각 쌓기<br>내용 확인 | 생각 정리<br>생각 넓히기 | 독서 노트 |
| 예 ○주<br>글의 제목을 쓰세요. | 3/3<br>낱말이 어렵다<br>ㅠ-ㅠ | 3/5 | 3/6<br>문제 다 맞음!<br>★★★ | 3/7 | / |
| | / | / | / | / | / |
| | / | / | / | / | / |
| | / | / | / | / | / |
| | / | / | / | / | / |

특강

갈 래 별 글 쓰 기

| 갈래 1 | 무엇을 쓸까요? | 어떻게 쓸까요? | 이렇게 써 봐요! |
|---|---|---|---|
| | / | | / |

| 갈래 2 | 무엇을 쓸까요? | 어떻게 쓸까요? | 이렇게 써 봐요! |
|---|---|---|---|
| | / | | / |

# 1주

창작 동화 사회, 문화

## ⭐ 독서논술계획표

▶ 공부한 날짜를 쓰고, 끝마친 단계에는 V표를 하세요.

### 읽기 전

| | 월 | 일 |
|---|---|---|
| 생각 열기 | | ☐ |
| 낱말 탐구 | | ☐ |

### 읽는 중

| | 월 | 일 | | 월 | 일 |
|---|---|---|---|---|---|
| 생각 쌓기 1 | | ☐ | 생각 쌓기 2 | | ☐ |
| 내용 확인 | | ☐ | 내용 확인 | | ☐ |

### 읽은 후

| | 월 | 일 |
|---|---|---|
| 생각 정리 | | ☐ |
| 생각 넓히기 | | ☐ |

독서 노트     월     일

# 헬로! 두떡 마켓

김이플

# 생각 열기

**1** 남한과 북한의 음식에는 어떤 것들이 있는지 떠올려 보고 아는 대로 쓰세요.

● ● ●
남한과 북한을 대표할
만한 음식을 떠올려
보세요.

**남한의 음식**

✎

**북한의 음식**

✎

직접 먹어 보지는 못했더라도 책이나
텔레비전에서 보거나 들은 북한 음식에는
어떤 것이 있나 생각해 봐.

**2** 다음 가게 이름을 보고 무엇을 파는 곳일지 생각하여 쓰세요.

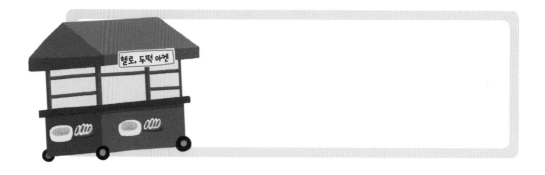

헬로, 두떡 마켓

**3** 다음 음식을 가리키는 북한말을 보기 에서 찾아 빈칸에 쓰세요.

음식의 사진을 보고
재료, 모양, 이름과 관
련된 북한말을 찾아
보세요.

| 보기 | 단묵 | 곽밥 | 기름밥 | 가락지빵 | 닭알말이 |
|------|------|------|--------|----------|----------|
| | 단얼음 | 고기겹빵 | 물고기떡 | 꼬부랑국수 | |

어묵 –

도넛 –

볶음밥 –

햄버거 –

달걀말이 –

라면 –

# 낱말 탐구

**1** 다음 문장에서 밑줄 친 부분과 바꾸어 쓸 수 있는 낱말을 보기 에서 찾아 쓰세요.

| 보기 | 흥분 | 도전 | 부정적 | 개시 |

아, 드디어 금메달이야!

육상 대회에서 금메달을 딴 선수는 감정이 북받쳐 일어나는 것을 감추지 못했다.

과일 가게 아저씨께서 가게 문을 연 뒤 처음 으로 이루어지는 거래라며 사과를 한 개 더 얹어 주셨다.

첫 손님이니까 하나 더 드릴게요.

난 등산보다 수영을 하는 게 좋아.

누나는 우리 가족이 일요일마다 등산 을 하는 것에 대해 옳지 않다고 반대하 는 태도를 보였다.

탐험가들은 히말라야 꼭대기에 오르기 위해 끝없이 어려운 일이나 더 나은 기록 따위에 맞서는 일을 하였다.

**2** 다음 문장에 어울리는 낱말을 골라 ○표 하세요.

도로에서 일어난 자동차 교통사고의 | 임무 | 책임 | 을/를 한쪽 운전자에게만 지우는 것은 옳지 않다.

학교 앞 선물 가게에는 여자아이들이 갖고 싶어 하는 예쁜 인형들이 | 진열 | 발열 | 되어 있다.

할머니께서는 여러 재료가 들어간 | 특제 | 특징 | 양념에 갈비를 재우셨다.

어머니께서는 어린 나이에 혼자 | 취향 | 타향 | 으로 떠난 아들이 걱정되어 잠을 이루지 못하셨다.

강원도 | 출산 | 출신 | 인 할머니께서는 할아버지와 결혼하면서 서울로 오셨다.

선생님께서는 모든 학생들이 이해할 수 있게 그 물체에 대해 자세히 | 설명 | 설립 | 을 해 주셨다.

① 북한에서 온 리원이 자매가 어려움을 헤쳐 나가는 과정을 생각하며 다음 글을 읽어 보세요.

# 헬로! 두떡 마켓

김이플

"안녕하세요?"

"태린이 왔구나."

언니는 현관에서 내 가방과 태린이 가방을 동시에 벗겨 주었다. 태린이는 언니가 만든 두부밥과 떡볶이를 먹을 생각에 학교에서 올 때부터 흥분을 가라앉히지 못했다.

"언니, 미안해. 태린이가 하도 졸라서 데리고 왔어."

"괜찮아. 출출하지? 언니가 금방 간식 내올게."

"천천히 주세요. 리애 언니."

말은 그렇게 해도 태린이의 눈은 이미 정지간으로 향하고 있었다. 김이 모락모락 나는 토장 떡볶이와 두부밥을 보자 태린이는 동물의 왕국에 나오는 며칠 굶은 하이에나처럼 달려들었다.

"오, 진짜 맛있다. 저 언니 음식 먹고 싶어서 그동안 너무 힘들었어요."

"그래, 많이 먹어."

---

★**두부밥**: 기름에 튀긴 두부 사이에 밥을 넣고 양념을 발라 먹는 북한의 길거리 음식. 우리나라의 유부 초밥과 모양이 비슷함.

★**정지간**: '부엌'의 북한말.

★**토장**: 북한 된장.

▲ 두부밥

언니는 흐뭇한 표정으로 비워져 가는 태린이 앞 접시에 음식들을 채워 주었다.

"리원이한테 얘기 들었어요. 장사가 잘 안됐다고요. 이 떡볶이 진짜 맛있는데 왜 안 팔렸는지 모르겠네?"

태린이의 말에 언니와 나는 뜻밖의 표정을 지었다.

"태린아, 그게 말이야. 사실 토장 떡볶이는 북한식 된장을 넣은 거라 사람들 입에 맞지 않을까 봐 여기 한국에서 파는 보통 떡볶이처럼 만들었어."

▲ 토장

"네? 저는 이 토장 떡볶이가 맛있었던 건데. 그리고 이 두부밥도요."

 한줄 톡! 태린이는 리애 언니가 만들어 준 토장 떡볶이와 ❶_____을/를 맛있게 먹었다.

"언니, 혹시 모르니 토장 떡볶이랑 두부밥으로 다시 장사를 해 보면 어때요?"

태린이는 쉴 새 없이 젓가락을 움직이면서 터질 듯한 입으로 말했다.

"안 돼. 또 네 말 들었다가 장사 안되면 네가 책임질 거야?"

"야, 장사 안되는 게 왜 내 책임이냐? 장사하는 사람들 책임이지."

"이게!"

언니는 우유를 한 잔씩 먹으라며 태린이와 내 입에 억지로 우유 컵을 들이밀었다. 친하게 지내다가도 이럴 땐 정말 미운 태린이다.

태린이가 있을 땐 몰랐는데 가고 나니 집이 조용해졌다. 나는 서둘러 숙제도 내일 수업 준비도 다 끝냈다. 책상에 앉아 있는데 아까 태린이가 했던 말이 자꾸만 생각이 났다. 견디다 못해 거실에 나와 TV를 보는데도 태린이의 말이 생각났다. 맛있게 먹었던 태린이의 모습도.

언니의 방문 앞에서 몇 번을 왔다 갔다 하다가 노크를 했다.

"들어와."

"언니, 생각해 봤는데 태린이 말처럼 우리 시장에서 다시 시작해 보는 건 어떨까?"

"아까는 태린이한테 뭐라 하더니 그새 마음이 바뀐 거야?"

"아니 뭐 꼭 그렇다기보다 언니한테는 말 안 했지만 나 시장에 자주 갔었어. 라시드 아저씨도 만나고 말이야. 우리 분홍 기차도 너무 보고 싶고."

컴퓨터 앞에서 열심히 구인란을 검색하던 언니의 손이 멈췄다. 언니는 안경을 벗고 내 손을 잡으며 말했다.

---

✦ **구인란:** 신문 따위에서 일할 사람을 구한다는 광고를 싣는 자리.
✦ **검색하던:** 책이나 컴퓨터에서, 목적에 따라 필요한 자료들을 찾아내던.

"글쎄. 언니는 잘 모르겠다. 이미 한 번 실패를 해서 그런지 두렵기도 하고 자신이 없네."

"왜 꼭 그렇게만 생각해. 언니, 우리 북한 음식으로 다시 한번 도전해 보자. 이번에도 안되면 더 이상 얘기하지 않을게. 응? 언니."

하지만 언니는 부정적인 뜻을 비쳤고 나는 언니가 오케이할 때까지 학교에 있는 시간을 제외하고는 며칠 동안 언니 방에서 꿈쩍도 하지 않았다. 결국 언니는 두 손 두 발 다 들었다며 고개를 끄덕거렸다. 우리는 당장 이번 주부터 할 수 있는지 알아보기로 했고, 시장 상인회로부터 가능하다는 연락을 받았다.

 리원이와 리애 언니는 시장에서 ❷＿＿＿＿＿＿＿＿＿＿＿(으)로 다시 한번 장사를 해 보기로 했다.

"언니, 그런데 우리 분홍 기차 이름을 뭐라고 하지? 처음 장사할 때는 이름이 별로였잖아. 다른 분홍 기차는 보니까 재미있는 이름이 많던데."

"음, 뭐라고 하면 좋을까?"

"아! 우리가 잘할 수 있는 메뉴가 두부밥이랑 떡볶이니까 앞 글자를 따서 두떡 마켓 어때? 외국인들도 많이 오니까 헬로, 두떡 마켓!"

"뭐? 두떡 마켓? 하하. 그래, 그거 좋다. 북한의 대표 길거리 음식 두부밥과 한국의 대표 길거리 음식 떡볶이의 앞 한 글자를 사이좋게 따서 두떡 마켓!"

 리원이와 리애 언니는 분홍 기차 이름을 ❸ _____ (이)라고 지었다.

**1** 태린이가 간식을 먹으면서 리원이와 리애 언니에게 한 말은 무엇인가요?

( )

① "북한에서는 주로 어떤 간식을 먹어요?"

② "시장에서 장사하는 것을 그만두는 것은 어때요?"

③ "토장 떡볶이랑 두부밥으로 다시 장사를 해 보면 어때요?"

④ "토장 떡볶이랑 두부밥 만드는 방법을 알려 주시면 안 돼요?"

**2** 시장에서 다시 장사를 해 보자는 리원이의 말을 듣고 리애 언니는 처음에 어떤 마음이 들었는지 알맞은 것에 ○표 하세요.

⑴ 두렵고 자신이 없다. ( )

⑵ 마음이 설레고 기대가 된다. ( )

⑶ 장사를 하는 게 귀찮고 번거롭다. ( )

**3** 리원이와 리애 언니가 다시 장사를 하며 만들어 팔려고 하는 북한 음식을 두 가지 쓰세요.

✎ _____ 과/와 _____

**4** 리원이와 리애 언니가 분홍 기차의 이름을 '헬로, 두떡 마켓'이라고 지은 까닭으로 알맞은 것의 기호를 모두 쓰세요.

㉮ 시장에 외국인들도 많이 오기 때문이다.

㉯ 엄마가 만들어 주신 북한 음식이 그립기 때문이다.

㉰ 잘할 수 있는 메뉴인 두부밥과 떡볶이의 앞 한 글자를 땄기 때문이다.

✎ _____

✿ 이어서 다음 글을 읽어 보세요.

다른 상인보다 일찍 시장에 도착한 우리는 분홍 기차를 받고 자리를 잡았다.

'분홍 기차야, 보고 싶었어. 늦게 와서 미안해.'

주말이라 일찍 언니를 돕게 된 나는 한참 동안 분홍 기차를 만지고 닦느라 정신이 없었다. 그리고 새롭게 꾸민 두부밥과 토장 떡볶이의 그림이 들어가 있는 '헬로! 두떡 마켓!' 종이 간판을 내걸었다. 나보다도 언니가 무척이나 들뜬 모습이었다.

'엄마, 우리 다시 장사해요. 북한에서 엄마가 팔았던 그 두부밥으로요. 우리도 북한 사람들도 맛있게 먹는 음식이니 이곳 사람들도 맛있게 먹을 수 있겠죠? 우리가 잘할 수 있도록 응원해 주세요.'

나는 잠시 두 손을 모으고 기도를 했다.

새벽부터 일어나 만든 두부밥을 진열하고 토장과 고추장을 섞어 만든 언니 표 특제 양념으로 우리만의 떡볶이를 만들기 시작했다. 그렇게 만들기 시작할 무렵 기차들이 서서히 나타났고 라시드 아저씨도 나타났다.

"안녕하세요? 라시드 아저씨!"

"리이원이 또 구경 왔어요?"

"아뇨, 오늘은 장사하러 왔어요."

"장사해요? 다시요?"

라시드 아저씨는 깜짝 놀란 얼굴로 쳐다보았다.

"두부밥과 토장 떡볶이에요."

아저씨에게 종이컵에 담긴 약간의 두부밥과 토장 떡볶이를 건네주었다.

"첫 개시에요. 라시드 아저씨에게 제일 먼저 주고 싶었어요."

라시드 아저씨는 익숙하지 않은 음식이라 그런지 천천히 아주 천천히 맛보았다.

"어때요? 아저씨?"

"음, 두부바압은 조큼 매어워요. 그래도 맛이 있어요. 이 떠어포키는 다른 떠어포키랑 맛이 달라요. 처음 먹어 보는 맛이에요. 나쁘지 않아요. 장사 잘해요."

**한줄 톡!** 리원이는 라시드 아저씨에게 두부밥과
❹ _____을/를
건네주었다.

✦**익숙하지**: 어떤 대상을 자주 보거나 겪어서 처음 대하지 않는 느낌이 드는 상태에 있지.

라시드 아저씨의 진한 검은색 눈썹은 먹을 때마다 들썩였다. 아저씨는 늘 그렇듯이 나에게 케밥 두 개를 주었다. 언니와 나는 케밥을 맛있게 먹고 서로 티는 안 냈지만 이 케밥처럼 우리 음식도 다른 사람들이 맛있게 먹어 주길 바랐다.

분홍 기차의 *행렬은 더욱 늘어나고 사람들도 점점 모여들었다.

"이게 북한 음식이에요?"

사람들은 북한에서 온 우리, 그리고 북한 음식이라는 말에 호기심을 느끼는 것 같았다. 특히 아주머니들이 그랬다. 두 자매가 타향에 와서 고생한다며 걱정하기도 했지만 나는 이곳을 타향이라고 생각하지 않는다. 꼭 어디 출신이 아닌 내가 지금 살고 있는 곳이 고향이란 생각이 들었다.

"이 떡볶이도 맛이 *별나네. 된장 맛도 좀 나는 것 같고."

"네, 맞아요. 북한식 된장과 고추장을 섞어서 만들었어요."

언니는 물어보는 사람마다 친절히 설명을 해 주느라 정신이 없었다. 그런 가운데 귀에 익은 목소리가 들렸다.

*행렬: 여럿이 줄지어 감. 또는 그런 줄.
*별나네: 보통과는 다르게 특별하거나 이상하네.

"야, 김리원!"

"어? 이태린!"

한 손으로는 음료수를 들고 열심히 입을 움직이고 있는 태린이였다.

"어서 와, 태린아. 태린이에게는 특별히 무료 제공이니 맘껏 먹어."

언니는 활짝 웃으면서 태린이 손에 두부밥을 쥐어 주었다.

"우아? 정말요? 고맙습니다."

"언니, 안 돼. 태린이한테 무료이면 우리 장사 망한단 말이야."

"야! 너 치사하게 그러기냐? 내 아이디어로 장사한 거잖아."

"그래, 태린이 덕에 우리가 다시 시작하게 된 거나 마찬가지니 걱정하지 말고 많이 먹어."

태린이는 나를 보며 혀를 날름 내밀고는 다시 입을 움직이기 시작했다. 늦은 밤이 되자 두부밥과 떡볶이를 다 먹을 것만 같았던 태린이도 가고 시장에 온 사람들도 조금씩 줄어들었다.

"리이원이, 오늘 장사 잘했어요?"

"네, 라시드 아저씨. 거의 팔았어요."

라시드 아저씨는 크게 웃으며 박수를 쳐 주었다.


첫 개시치고는 성공이다. 외국 사람도 한국 사람도 우리 음식에 많은 관심을 보였다. 어른들은 두부밥을, 아이들은 언니표 토장 떡볶이를 좋아했다. 라시드 아저씨의 축하도 받았다.

 **한줄톡!** 리원이는 시장에서 장사를 하면서 자신이 지금 살고 있는 곳이 ❺ ＿＿＿＿＿＿＿＿(이)라는 생각이 들었다.

집으로 돌아온 후 언니는 상기된 얼굴로 몇 번이고 돈을 세다가 금세 잠이
들었다. 나는 피곤했지만 이상하게 잠이 오지 않았다.

살며시 언니 방의 문을 열고 잠든 언니를 바라보았다.

'언니, 우리도 열심히 하면 우리만의 두떡 마켓이 생기겠지? 엄마, 우리 앞
으로도 잘할 수 있겠죠?'

오늘따라 엄마가 더욱 보고 싶었다. 엄마가 봤다면 틀림없이 기뻐했을 텐데.

눈물 한 방울이 쏘옥 뺨으로 미끄럼을 탔다.

"맛있는 두부밥과 토장 떡볶이가 있는 두떡 마켓으로 오세요!"

깜짝이야.

쉰 목소리로 잠꼬대를 하는 언니는 꿈속에서도 장사를 하고 있나 보다.

나는 피식 웃음이 났다.

 집으로 돌아온 후, 리원이는 잠든 언니를 바라보며 ❻ _____을/를 떠올렸다.

⁺상기된: 흥분이나 부끄러움으로 얼굴이 붉어진.

**글의 뒷부분을 읽고, 물음에 답해 보세요.**

**1** 리원이와 리애 언니가 북한에서 살 때, 리원이 엄마가 팔았던 음식은 무엇이었는지 쓰세요.

✎ _____

**2** 다음으로 보아, 사람들은 북한 음식에 대해 어떻게 생각하였나요? (　　　)

> • "이게 북한 음식이에요?"
> • "이 떡볶이도 맛이 별나네. 된장 맛도 좀 나는 것 같고."
> • 첫 개시치고는 성공이다.

① 북한 음식을 먹고 싶지 않다.
② 북한 음식에 호기심을 느꼈다.
③ 된장 맛과 떡볶이는 잘 어울리지 않는다.
④ 늘 먹던 음식이 아니라서 입맛에 맞지 않는다.

**3** 이 글에 나타난 리원이의 생각으로 알맞은 것에 ○표 하세요.

(1) 장사를 하여 무조건 돈을 많이 벌어야 한다. (　　　)
(2) 어디 출신이 아닌 내가 지금 살고 있는 곳이 고향이다. (　　　)
(3) 시장에 온 사람들에게 북한에서 왔다는 사실을 숨기고 싶다. (　　　)

**4** 리원이는 장사를 마치고 잠든 언니를 바라보며 어떤 마음이 들었는지 두 가지 고르세요. (　　　)

① 미래에 대한 희망
② 엄마에 대한 그리움
③ 시장 상인들에 대한 고마움
④ 빨리 고향으로 돌아가고 싶은 마음

😊 **이제 생각을 정리하고, 마음껏 펼쳐 볼까요?**

**1** 『헬로! 두떡 마켓』에서 이야기의 흐름에 따라 일어난 일을 정리하여 빈칸에 알맞은 말을 쓰세요.

① 태린이는 리원이네 집에서 리애 언니가 만들어 준 [          ]과/와 토장 떡볶이를 먹었다.

② 태린이는 리원이와 리애 언니에게 토장 떡볶이랑 두부밥으로 다시 [          ]을/를 해 보는 것이 어떻겠느냐고 물었다.

③ 태린이의 말을 듣고 나서 리원이가 [          ] 은/는 어떠냐고 리애 언니에게 말했다.

헬로, 두떡 마켓!

④ 고민 끝에 리원이와 리애 언니는 다시 장사에 도전하기로 결심했고, 분홍 기차 이름을 '헬로, [          ]'(이)라고 정했다.

⑤ 다시 장사를 시작하는 날, 두부밥을 진열하고, [          ]과/와 고추장을 섞어 만든 특제 양념으로 떡볶이를 만들었다.

⑥ 리원이는 두부밥과 토장 떡볶이를 라시드 아저씨에게 제일 먼저 드렸고, 라시드 아저씨는 장사 잘하라며 응원해 주셨다.

이게 북한 음식 이에요?

⑦ 사람들은 북한 음식이라는 말에 호기심을 느끼는 것 같았고, 장사도 첫 개시치고는 [          ].

⑧ 집으로 돌아온 후, 리원이는 잠든 언니를 바라보며 [          ]을/를 갖는 희망을 품었고, 그리운 엄마를 떠올리며 눈물을 흘렸다.

**1** 리원이와 리애 언니가 처음에 열었던 가게는 장사가 잘 안됐습니다. 장사가 안된 까닭을 생각하여 쓰세요.

처음 장사에서 무엇을 팔았는지 생각해 보고, 장사할 때 어떤 점이 부족했을지도 생각해 보세요.

처음에 장사가 안된 까닭은

🖉 _____

_____

_____

_____

**2** 만약 북한에 계신 엄마가 남한에서 장사를 하는 리원이와 리애 언니의 모습을 보신다면 어떤 말씀을 하실지 쓰세요.

리원이와 리애 언니가 사랑하는 엄마와 헤어져 남한으로 왔다는 것을 생각해 보세요.

**3** 리원이의 친구 태린이가 되어 '헬로, 두떡 마켓'을 광고하는 글을 쓰세요.

광고하는 글은 어떤 대상에 대한 정보를 소비자에게 널리 알리는 글이에요. '헬로, 두떡 마켓'에 대한 정보를 짧은 글로 표현해 보세요.

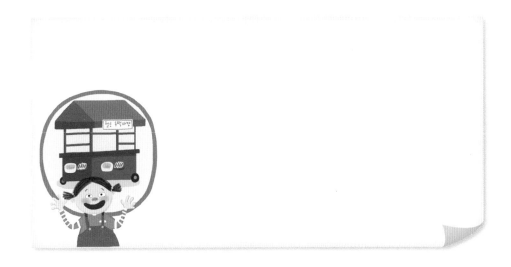

**4** 리원이와 리애 언니가 시장에서 '헬로, 두떡 마켓'을 다시 시작한 것에 대해 어떻게 생각하는지 내 생각을 쓰세요.

특색 있는 메뉴로 다시 장사를 시작한 일에 대한 생각을 정리해 보세요.

**내 생각**

'헬로, 두떡 마켓'을 다시 시작한 것은 잘한 , 잘못한 일이라고 생각한다.

**그렇게 생각하는 까닭**

**5** 리원이와 리애 언니처럼 북한에 있는 사람들이 남한으로 오는 까닭은 무엇이겠는지 쓰세요.

책이나 뉴스 등에서 보고 들은 북한의 상황을 떠올려 보고, 어떤 어려움이 있을지 파악해 보세요.

**6** 지금은 비록 남과 북으로 갈라져서 자유롭게 오고갈 수 없지만, 우리가 같은 민족임을 알 수 있게 해 주는 것에는 무엇이 있는지 생각하여 쓰세요.

지금은 분단되어 따로 살고 있지만 남한과 북한은 오랜 세월 동안 한반도에서 한 민족으로 살아왔다는 것을 생각해 보세요.

일정한 지역에서 오랜 세월 공동생활을 하면서 같은 언어와 문화를 바탕으로 이루어진 집단을 '민족'이라고 해.

**7** 남한과 북한이 통일을 이루면 어떤 점이 달라질지 생각해 보고, 통일을 위해 우리가 할 수 있는 일에는 무엇이 있는지 쓰세요.

• • •
통일이 남한이나 북한에 살고 있는 우리 민족에게 어떤 영향을 미치고 어떤 이익을 줄 수 있을지 생각해 보세요.

### 통일이 되면 달라지는 점

우리가 할 수 있는 작은 일들도 통일을 앞당길 수 있어!

### 통일을 위해 우리가 할 수 있는 일

# 통일을 이룬 나라 – 독일

제2차 세계 대전을 일으킨 독일은 전쟁이 끝난 뒤에 서독과 동독으로 분리되었어요. 미국, 영국, 프랑스의 연합군이 점령하던 곳은 서독, 소련(현 러시아와 주변 국가들)이 점령하던 곳은 동독이었지요.

서독과 동독은 비록 분리되었지만, 남한과 북한처럼 전혀 오고갈 수 없었던 것은 아니었어요. 하지만 자유를 누리며 경제적으로 발전하고 있었던 서독을 부러워한 동독 국민들이 몰래 서독으로 넘어가는 일이 많아지자 동독이 1961년 갑자기 동·서베를린 사이에 장벽을 세웠어요.

갑자기 베를린 장벽이 만들어지면서 동독 국민들은 서독으로 가는 것이 불가능해졌고 가족이 흩어져 살게 된 경우도 있었어요. 그래서 죽음을 각오하고 장벽을 뛰어넘어 서독으로 탈출하는 동독 국민들이 생겨났죠. 이후 서독에서 동독과 같은 공산권 국가들과 가깝게 지내려고 외교 정책을 편 것을 계기로 두 나라 사이의 관계가 회복되었고 1980년대 초부터는 직접적인 교류를 시작했어요. 때마침 1980년대 동유럽에서 불어온 개혁과 자유화 바람이 독일의 통일에 힘을 실어 주었어요. 동독에서 시작된 민주화 요구 시위는 한 달이 넘도록 계속되었지요. 그러다 1989년 분단을 상징하던 '베를린 장벽'을 무너뜨리면서 1990년 10월 3일에 마침내 통일을 이루게 되었답니다.

▲ 분단 시절 동·서 베를린의 경계였던 브란덴부르크 문

통일을 이룬 뒤에도 예상보다 훨씬 더 많은 어려움이 있었어요. 두 지역의 화폐 가치가 달라서 망하는 회사가 아주 많았고, 이에 따라 일자리를 잃는 사람도 늘어났지요.

독일의 사례를 통해 진정한 통일을 이루려면 체계적인 준비와 더불어 서로의 장점을 인정하고 이해하려는 자세가 중요하다는 걸 알 수 있어요.

이런 책도 있어요

정진경, 『북한에서 온 내 친구』, 우리교육, 2002
원유순, 『피양랭면집 명옥이』, 웅진주니어, 2007
김덕우, 『남북 탐구 생활』, 미래엔아이세움, 2018

# 쉬어가기

## 두 눈을 크게 떠요! 집중력 테스트　　　[난이도 : 상 중 하]

★ 산더미처럼 쌓인 물건들이 있네요. 이 물건들 속에서 아주머니가 잃어버린 8개의 물건을 찾아 ○표 하세요.

● 정답은 가이드북 13쪽을 확인하세요.

# 2주

연설문 과학, 기술

## 🏅 독서논술계획표

▶ 공부한 날짜를 쓰고, 끝마친 단계에는 V표를 하세요.

### 😊 읽기 전

| | 월 | 일 |
|---|---|---|
| 생각 열기 | | ☐ |
| 낱말 탐구 | | ☐ |

### 😊 읽는 중

| | 월 | 일 | | 월 | 일 |
|---|---|---|---|---|---|
| 생각 쌓기 1 | | ☐ | 생각 쌓기 2 | | ☐ |
| 내용 확인 | | ☐ | 내용 확인 | | ☐ |

### 😊 읽은 후

| | 월 | 일 |
|---|---|---|
| 생각 정리 | | ☐ |
| 생각 넓히기 | | ☐ |

독서 노트    월    일

# 2005 스탠퍼드대학교 졸업식 연설문

스티브 잡스

※ 이 글은 스티브 잡스가 2005년 미국 스탠퍼드대학교 졸업식에서 연설한 내용으로, 초등학생의 수준에 맞추어 쉽게 다듬었습니다.

# 생각 열기

**1** 사람들은 보기 와 같은 제품이나 서비스를 이용하여 어떤 활동을 하는지 쓰세요.

• • •
새로운 기술을 이용한 제품이나 서비스를 통해 우리 생활이 어떻게 달라졌는지 생각해 보세요.

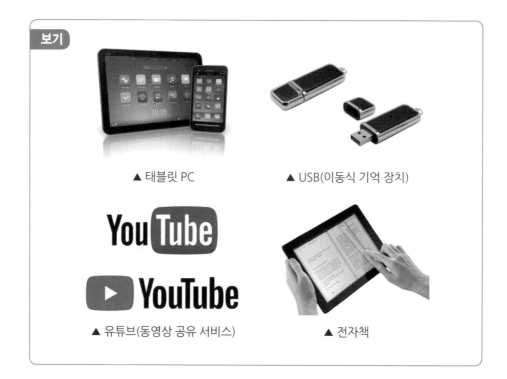

보기

▲ 태블릿 PC　　　　▲ USB(이동식 기억 장치)

▲ 유튜브(동영상 공유 서비스)　　　　▲ 전자책

숙제를 할 때 무엇을 이용하는지,
여러 정보를 어떤 방법으로 얻는지 떠올려 봐.

🖉

**2** 우리 생활에서 다음 물건이 사라진다면 어떤 점이 불편할지 생각하여 쓰세요.

• • •

첨단 과학 기술을 바탕으로 하여 개발된 여러 제품들이 우리 생활에 어떤 영향을 끼치고 있는지 생각해 보고, 없을 때 어떤 불편한 점이 있을지 떠올려 보세요.

▲ 컴퓨터

▲ 스마트폰

우리 생활에
컴퓨터나 스마트폰이
없다면 어떨지
상상해 봐.

# 낱말 탐구

**1** 다음 밑줄 친 낱말의 뜻을 짐작해 보고 보기 에서 비슷한 뜻을 가진 낱말을 찾아 빈 칸에 쓰세요.

보기  서체  역할  신념  감명  처지  글귀

어려운 이웃을 돌보는 사람의 삶은 우리에게 감동을 준다.

아버지께서는 글씨체가 매우 독특하시기 때문에 직접 쓰신 글인지 금방 알아볼 수 있다.

집세가 세 달이나 밀려서 쫓겨날 형편이었다.

우리 선수단은 어떤 팀과 싸워도 반드시 이길 수 있다는 믿음을 가지고 있다.

책을 읽다가 마음에 드는 문구가 있어서 공책에 적어 놓았다.

우리 반 친구들은 각자 맡은 바 임무를 다하여 이번 체육 대회를 준비하였다.

**2** 낱말의 뜻을 살펴보고, 문장에 어울리는 낱말을 골라 ○표 하세요.

그는 어릴 적에 미국으로 입수 입양 이/가 되었다.

법적인 절차를 거쳐 자신을 낳지 않은 사람의 자식으로 들어감. 또는 자식으로 들임.

인간이 동물과 구별되는 요구 요소 가운데 하나는 바로 창조적인 언어를 사용한다는 사실이다.

어떤 일을 이루는 데 꼭 있어야 할 것.

며칠째 기침을 심하게 하던 동생은 검사를 한 결과 폐렴 진찰 진단 을 받아서 입원하게 되었다.

의사가 환자의 병 상태를 판단하는 일.

준하는 어머니의 어두운 표정을 보고 무슨 일이 일어났는지 호감 직감 으로 알아차렸다.

어떤 것을 보자마자 곧바로 느껴서 아는 것.

## 생각 쌓기

💡 스티브 잡스가 스탠퍼드대학교 졸업식에서 학생들에게 하고 싶은 말이 무엇인지 생각하며 읽어 보세요.

# 2005 스탠퍼드대학교 졸업식 연설문

스티브 잡스

감사합니다!

먼저 세계 최고의 명문 스탠퍼드대학교 졸업식에 참석하게 된 것을 영광으로 생각합니다. 사실 저는 대학교를 졸업하지 못했습니다. 대학교 졸업식을 이렇게 가까이에서 보는 것도 처음입니다.

오늘 저는 여러분께 제가 살아오면서 겪었던 세 가지 이야기를 해 볼까 합니다.

✦**스탠퍼드대학교**: 미국 캘리포니아주 스탠퍼드에 있는 세계적인 명문 사립대학교. 노벨상 수상자를 비롯하여 정치가, 사업가 등 다양한 분야에서 뛰어난 인재를 배출하였음.

▲ 스탠퍼드대학교

첫 번째 이야기는 제가 경험해 온 것들이 결국 제 미래를 만든다는 것입니다. 저는 리드대학교에 입학한 지 6개월 만에 그만두었습니다. 왜 그랬을까요? 이 이야기를 하려면 제가 태어나기 전으로 거슬러 올라갑니다. 당시 제 어머니는 저를 키울 수 없는 처지의 학생이었기 때문에 저를 다른 가정으로 보내기로 결심했고, 제 장래를 위해 대학 나온 양부모를 원했습니다. 그래서 저는 태어나자마자 어느 변호사 가정에 보내는 것으로 정해져 있었지요. 하지만 제가 태어난 순간, 그들은 여자아이를 입양하기로 마음을 바꿨습니다. 때마침 현재의 양부모님께 연락이 닿았지요. 그런데 어머니는 대학을 나오지 못한 양부모님께 저를 보내는 것을 원하지 않았습니다. 몇 달이 흘러 양부모님이 저를 대학까지 가르치겠다고 약속한 뒤에야 고집을 꺾었습니다. 이것이 제 인생의 시작이었습니다.

**한줄톡!** 제가 하려는 첫 번째 이야기는 제가 경험해 온 것들이 제 ❶ _____ 을/를 만든다는 것입니다.

＊**양부모:** 자기를 낳지는 않았지만 자식으로 삼아 길러 준 어버이.

　17년이 지나 저는 대학에 입학했습니다. 저는 이곳 스탠퍼드대학교만큼이나 학비가 비싼 리드대학교를 선택했지요. 그래서 부모님께서 힘들게 모아 둔 돈이 모두 제 학비로 들어갔습니다. 6개월 뒤, 대학 생활은 제게 그만한 가치가 없어 보였습니다. 내가 무엇을 하고 싶은지, 또 대학 교육이 저에게 얼마나 도움이 될지 알 수 없었습니다. 그래서 저는 모든 것이 잘될 것이라고 믿고 대학교를 그만두었습니다. 당시 리드대학교는 미국에서 가장 뛰어난 서체 교육을 하고 있었고, 학교 곳곳에 붙어 있는 포스터의 글씨는 너무나 아름다웠어요. 대학을 그만둔 뒤, 저는 서체 수업을 몰래 들으면서 글자체의 다양함, 글자체를 아름답게 만드는 요소에 대해 배웠습니다. 저는 곧 아름답고 예술적으로 뛰어난 글자체에 빠져들었습니다.

　오로지 호기심과 제 마음만을 믿고 저지른 일들이 훗날 아주 소중한 경험이 됐습니다. 제가 첫 번째 매킨토시 컴퓨터를 만들 때 그 속에 다양한 서체 기능을 모두 집어넣었고, 그것은 아름다운 서체를 표현해 낼 수 있는 최초의 컴퓨터였습니다. 만약 제가 대학을 그만두지 않았다면 그 서체 수업을 듣지 못했을 것이고, 개인용 컴퓨터에는 지금과 같은 뛰어난 서체 기능이 없었을 것입니다.

▲ 초창기 매킨토시 컴퓨터

　물론 제가 대학에 있을 때에는 그 순간들이 제 인생을 변화시킬 기회가 된다는 것을 알아차릴 수 없었습니다. 그러나 십 년이 지난 지금에서야 모든 것이 분명하게 보입니다. 그러므로 여러분은 현재가 미래와 어떻게든 연결된다는 것을 알아야 합니다. 그리고 믿음을 가져야만 합니다. 왜냐하면 현재가 미래로 연결된다는 믿음이 여러분에게 자신감을 심어 줄 것이기 때문입니다.

 **한줄톡!** 여러분은 현재가 ❷ ＿＿＿＿＿＿＿ 과/와 어떻게든 연결된다는 것을 알고 믿음을 가져야 합니다.

---

✦ **매킨토시(Macintosh):** 미국의 애플(Apple)에서 1984년 1월에 발표한 개인용 컴퓨터의 상품명.

두 번째 이야기는 자신이 하는 일의 사랑과 실패에 대한 것입니다.

저는 운 좋게도 인생에서 정말 하고 싶은 일을 일찍 발견했습니다. 제가 부모님의 차고에서 스티브 워즈니악과 함께 애플(Apple)이라는 회사를 세운 것은 스무 살 때였고, 십 년이 흐른 뒤에 애플은 4,000명이 넘는 직원을 거느린 큰 기업이 되었습니다. 제가 스물아홉 살 때에는 최고의 작품인 매킨토시가 나왔습니다.

그러나 저는 곧 회사에서 물러나게 되었습니다. 어떻게 그럴 수 있냐고요?

회사가 점점 커 가자, 저는 회사를 함께 이끌어 갈 존 스컬리를 데려왔습니다. 처음 일 년 정도는 잘 돌아갔습니다. 그런데 언제부터인가 우리 둘의 사이가 어긋나기 시작했습니다. 이때 회사 사람들은 존 스컬리의 편을 들었고 저는 서른 살에 회사에서 나와야만 했습니다.

저는 목표를 잃어버렸고 아주 쓰라린 아픔을 겪었습니다. 몇 개월 동안 아무것도 할 수 없었습니다.

그러나 제 마음속에서 무엇인가 천천히 다시 일어나기 시작했습니다. 저는 여전히 제가 했던 일을 좋아한다는 것이었습니다. 저는 회사에서 물러났지만 여전히 일에 대한 사랑은 식지 않았습니다. 그래서 다시 시작하기로 결심했습니다.

 한줄톡! 저는 서른 살에 회사에서 나오면서 ③ _____ 을/를 잃어버렸고 쓰라린 아픔을 겪었지만, 다시 시작하기로 결심했습니다.

✦애플(Apple): 1976년 스티브 잡스, 스티브 워즈니악이 세운 미국의 전자 제품 제조 회사.

글의 앞부분을 읽고, 물음에 답해 보세요.

**1** 이 글은 스탠퍼드대학교 졸업식에서 연설한 내용입니다. 연설한 사람은 누구인지 쓰세요.

🖉 _____

**2** 스티브 잡스가 리드대학교를 6개월 만에 그만둔 까닭으로 알맞지 않은 것은 무엇인가요? (          )

① 부모님께서 그만두기를 원하셔서

② 대학 생활이 그만한 가치가 없어 보여서

③ 자신이 무엇을 하고 싶은지 알 수 없어서

④ 대학 교육이 자신에게 얼마나 도움이 될지 알 수 없어서

**3** 스티브 잡스가 리드대학교를 그만두고 서체 수업을 들은 경험은 어떤 일에 큰 영향을 끼쳤는지 알맞은 것에 ○표 하세요.

⑴ 큰 기업을 만들어야겠다고 결심한 일 (          )

⑵ 다양한 서체 기능을 가진 매킨토시 컴퓨터를 만든 일 (          )

⑶ 상대방의 얼굴을 직접 보며 통화할 수 있는 휴대 전화를 만든 일 (          )

**4** 스티브 잡스가 애플에서 나와야만 했을 때 어떤 마음이 들었을까요? (          )

① 편안하게 쉬고 싶은 마음

② 목표를 잃어 절망스러운 마음

③ 다시 회사로 돌아가고 싶은 마음

④ 새로운 기술을 더 배우고 싶은 마음

⭐ 이어서 다음 글을 읽어 보세요.

당시에는 잘 몰랐지만 애플에서 물러난 것은 제 인생 최고의 사건이었습니다.

저는 다시 시작하는 마음으로 모든 가능성을 열어 두고 일에 매달렸습니다. 덕분에 제 인생 최고의 창의력을 발휘하는 시기로 갈 수 있게 되었습니다. 이후 5년 동안 저는 ⁺넥스트(NeXT)와 ⁺픽사(Pixar)라는 회사를 세웠습니다. 픽사에서는 세계 최초의 3D 애니메이션 영화 「토이 스토리」를 개발하여 큰 성공을 거두었습니다.

⁺넥스트(NeXT): 1985년에 애플에서 물러난 스티브 잡스가 미국 캘리포니아주 레드우드 시티에 설립한 컴퓨터 회사. 1996년에 애플에 인수됨.
⁺픽사(Pixar): 미국 캘리포니아주에 있는 컴퓨터 애니메이션 제작사.

　놀라운 일들이 잇달아 일어나면서 애플이 넥스트를 인수하였고 저는 애플로 돌아오게 되었습니다. 넥스트에서 개발했던 기술들은 현재 애플을 다시 일으키는 데 중요한 역할을 하고 있습니다.

　만약 제가 애플에서 물러나지 않았다면 이 많은 일들이 일어나지 않았을 것입니다. 때로는 인생에서 벽돌로 머리를 얻어맞는 듯한 일이 생기더라도 결코 신념을 잃지 마십시오. 저를 계속 움직이게 했던 힘은 제 일을 사랑하는 것뿐이었습니다. 여러분도 좋아하는 일을 찾아야 합니다. 여러분이 위대하다고 믿는 그 일을 하는 것만이 진정한 만족을 줄 것입니다. 그 일을 아직 찾지 못했다면 계속 찾으세요.

 여러분은 자신이 ❹ ＿＿＿＿＿＿＿＿＿＿＿＿＿＿ 을/를 찾아 그 일을 하는 것에서 진정한 만족을 얻게 될 것입니다.

세 번째 이야기는 죽음에 대한 것입니다.

열일곱 살 때 이런 글귀를 읽은 적이 있습니다.

"오늘 하루를 인생의 마지막 날처럼 산다면 언젠가는 바른 길에 서 있을 것이다."

이 글에 감명을 받은 저는 그 이후로 매일 아침 거울을 보면서 제 자신에게 묻곤 했습니다.

'오늘이 내 삶의 마지막 날이라면, 오늘 내가 하려고 했던 그 일을 할 것인가?'

그리고 여러 날 동안 "아니요."라는 대답이 계속되면 저는 변화가 필요한 때라는 것을 깨닫습니다.

'내가 곧 죽는다.'라는 생각은 인생에서 중대한 결정을 내릴 때마다 큰 도움이 되었습니다. 다른 사람들의 기대, 자존심, 실수나 실패에 대한 두려움은 죽음 앞에서는 모두 떨어져 나가고 오직 진실로 중요한 것들만이 남기 때문입니다.

저는 일 년 전쯤 췌장암 진단을 받았습니다. 의사들은 저에게 치료가 거의 불가능하고 길어야 6개월밖에 살 수 없으니 집으로 돌아가 삶을 정리하라고 말했습니다. 그러나 다행히도 저는 수술을 받을 수 있었고, 지금은 멀쩡합니다. 그때만큼 제가 죽음에 가까이 가 본 적은 없는 것 같습니다.

아무도 죽기를 원하지 않습니다. 그러나 누구도 죽음을 피할 수 없죠. 그리고 그래야만 합니다. 왜냐하면 죽음은 삶을 변화시키기 때문입니다. 죽음이 있기 때문에 낡은 것은 새로운 것에게 자리를 내어 주고, 변화를 가능하게 만듭니다. 지금 당장은 여러분이 새로운 세대입니다. 그러나 언젠가는 여러분도 낡은 세대가 되어 그 자리를 물려줘야 할 것입니다.

시간은 여러분을 기다려 주지 않습니다. 그러므로 다른 사람의 삶을 사느라 시간을 낭비하지 마십시오. 다른 사람의 생각이나 판단에 얽매여 여러분이 진정으로 원하는 것을 놓치지 마세요. 가장 중요한 것은 용기를 내어 자신의 마음과 직감을 따르는 것입니다. 그 마음과 직감은 여러분이 진짜로 하고 싶은 게 무엇인지 이미 알고 있으니까요.

 **한줄톡!** 다른 사람의 삶을 사느라 ❺ _____ 을/를 낭비하지 말고, 용기를 내어 자신의 마음과 직감을 따라야 합니다.

제가 어렸을 때 스튜어트 브랜드가 쓴『지구백과』라는 책이 있었는데, 또래 사이에서 인기가 많았습니다. 그 책의 뒤쪽 표지에는 이른 아침의 시골길 사진이 실려 있었는데, 그 사진 아래에 이런 글이 적혀 있었어요.

"간절하게 원하고 끊임없이 도전하라."

저는 제 자신에게 항상 그러하기를 바랐습니다. 그리고 지금, 새로운 시작을 위해 졸업을 하는 여러분에게도 같은 소망을 가집니다.

"간절하게 원하고 끊임없이 도전하라."

여러분, 대단히 감사합니다.

 한줄톡! 졸업을 하는 여러분에게도 간절하게 원하고 끊임없이 ❻ _____ 하라는 소망을 가집니다.

**글의 뒷부분을 읽고, 물음에 답해 보세요.**

**1** 스티브 잡스가 픽사에서 만든 세계 최초의 3D 애니메이션 영화의 제목을 쓰세요.

✎ _____

**2** 애플에서 물러난 스티브 잡스는 일에 매달린 결과 인생 최고의 시기를 맞았습니다. 이를 통해 생각하거나 느낀 점을 알맞게 말한 친구의 이름을 쓰세요.

> 규미: 좋은 일에는 방해가 항상 따라온다는 것을 알았어.
> 채연: 끊임없이 노력하면 불행을 행복으로 바꿀 수 있어.
> 노아: 창의력을 기르기 위해서는 어려서부터 노력해야 해.

✎ _____

**3** 죽음과 관련한 스티브 잡스의 생각으로 알맞은 것을 두 가지 고르세요.

(       )

① 죽음은 삶을 변화시킨다.
② 죽음 앞에서는 정말 중요한 것들만이 남는다.
③ 죽음 앞에 서면 누구나 실패에 대한 두려움을 가지게 된다.
④ '내가 곧 죽는다.'라는 생각은 인생의 모든 것을 포기하게 만든다.

**4** 연설을 통해 스티브 잡스가 스탠퍼드대학교 학생들에게 하고 싶은 말로 알맞은 것을 찾아 ○표 하세요.

(1) 사업을 일으켜 큰 부자가 되어야 한다. (     )
(2) 좋아하는 일을 찾아 끊임없이 도전해야 한다. (     )
(3) 건강하게 오래 살기 위해서는 부지런히 일해야 한다. (     )

**이제 생각을 정리하고, 마음껏 펼쳐 볼까요?**

# 생각 정리

1 다음은 『2005 스탠퍼드대학교 졸업식 연설문』의 내용을 정리한 것입니다. 빈칸에 알맞은 말을 쓰세요.

**처음 부분**

① 세계 최고의 명문 스탠퍼드대학교의 졸업식에 참석하게 된 것을 영광으로 생각합니다.

　　오늘 저는 여러분께 제가 살아오면서 겪었던 　　　　　　　　 을/를 해 보려고 합니다.

**가운데 부분**

② 첫 번째 이야기는 제가 경험해 온 것들이 결국 제 미래를 만든다는 것입니다.

　만약 제가 대학을 그만두지 않았다면 서체 수업을 듣지 못했을 것이고, 제가 만든 매킨토시 컴퓨터에는 뛰어난 　　　 기능이 없었을 것입니다.

　여러분은 현재가 미래와 어떻게든 연결된다는 것을 알아야 하고 믿음을 가져야 합니다. 왜냐하면 이러한 믿음이 여러분에게 　　　 을/를 심어 줄 것이기 때문입니다.

③ 두 번째 이야기는 자신이 하는 일의 [                    ]에 대한 것입니다.

저는 서른 살에 애플에서 물러난 뒤 목표를 잃어버렸고 쓰라린 아픔을 겪었지만 여전히 [                    ]은/는 식지 않았습니다. 다시 시작하는 마음으로 일에 매달려 넥스트와 픽사를 세워서 큰 성공을 거두었고 [                    ]

여러분도 좋아하는 일을 찾아 그 일을 하는 것에서만 진정한 만족을 얻게 될 것입니다.

④ 세 번째 이야기는 [          ]에 대한 것입니다.

곧 죽는다는 생각은 인생에서 중대한 결정을 내릴 때마다 큰 도움이 됩니다. 죽음이 있기 때문에 낡은 것은 새로운 것에게 자리를 내어 주고 삶을 변화시킵니다.

시간을 낭비하지 말고 여러분이 [                    ]을/를 놓치지 말아야 합니다. 가장 중요한 것은 용기를 내어 자신의 마음과 직감을 따르는 것입니다.

**끝부분**

⑤ "[                                        ]."

저는 제 자신에게 항상 그러하기를 바랐습니다. 그리고 지금, 새로운 시작을 위해 졸업을 하는 여러분에게도 같은 소망을 가집니다.

# 생각 넓히기

**1** 스티브 잡스는 다른 사람의 생각이나 판단에 얽매여 진정으로 원하는 것을 놓치지 말라고 하였습니다. 다른 사람의 생각이나 판단 때문에 하지 못했던 일을 떠올려 보고 그때 어떤 생각이나 느낌이 들었는지 쓰세요.

•••
먼저 다른 사람의 생각이나 판단 때문에 어떤 일을 하지 못했던 경험을 떠올려 보세요.

| 다른 사람의 생각이나 판단 때문에 하지 못했던 일 | 예 나는 축구를 좋아하는데 여자아이라는 이유 때문에 반 친구들이 축구할 때 끼어 주지 않았다. |
|---|---|
| 그때의 생각이나 느낌 | 예 실망스럽고 아쉬운 마음이 들었다. |

| 다른 사람의 생각이나 판단 때문에 하지 못했던 일 | |
|---|---|
| 그때의 생각이나 느낌 | |

다른 사람의 생각이나 판단에 얽매여 여러분이 진정으로 원하는 것을 놓치지 마세요. 가장 중요한 것은 용기를 내어 자신의 마음과 직감을 따르는 것입니다.

**2** 스티브 잡스는 스탠퍼드대학교 학생들에게 좋아하는 일을 찾으라고 하였습니다. 내가 좋아하는 일은 무엇인지 생각해 보고, 그 일을 계속해 나가기 위해서 어떤 노력을 해야 할지 생각하여 쓰세요.

• • •

자신이 좋아하는 일을 찾아 최선을 다하고 끊임없이 도전한 스티브 잡스처럼 하고 싶은 일을 위해 어떤 노력을 하면 좋을지 생각해 보세요.

**좋아하는 일**

**앞으로 노력해야 할 일**

**3** 다음은 스티브 잡스가 했던 명언들입니다. 어떤 명언이 가장 마음에 드는 지 써 보고, 그렇게 생각하는 까닭을 쓰세요.

명언은 널리 알려진 훌륭한 말이에요. 스티브 잡스의 명언에 담긴 뜻을 생각해 보고 가장 마음에 드는 명언을 골라 보세요.

- 우리가 이룬 것만큼 이루지 못한 것도 자랑스럽습니다.
- 가끔은 혁신을 추구하다 실수할 때도 있습니다. 하지만 빨리 인정하고 다른 혁신을 개선해 나가는 것이 최선입니다.
- 위대한 일을 하는 유일한 방법은 바로 당신이 하는 일을 사랑하는 것입니다.

**마음에 드는 명언**

**그렇게 생각하는 까닭**

**4** 내가 만약 스티브 잡스처럼 세상을 놀라게 할 만한 제품을 만든다면 무엇을 만들지 그림으로 나타내어 보고, 그 제품의 특징을 간단하게 쓰세요.

스티브 잡스는 세상을 깜짝 놀라게 할 만한 제품들을 만들어 컴퓨터와 영화, 음악 산업의 변화를 이끌어 냈어요. 여러분도 획기적인 아이디어를 담은 제품을 생각해 보세요.

**제품의 특징**

만들고 싶은 제품의
기능이나 좋은 점 등을 설명해 봐.
그림으로 표현하기 어려우면
간단히 글로 써도 좋아.

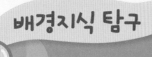

# IT 산업의 심장 – 실리콘 밸리

샌프란시스코에서 태어난 스티브 잡스는 열 살 때 부모님을 따라 마운틴뷰 근처 지역으로 이사를 갔고, 그곳에서 자라면서 전자 기술의 세계에 무한한 호기심을 키워 갔습니다. 이 지역이 바로 오늘날 미국 첨단 산업의 중심지인 실리콘 밸리가 시작된 곳입니다.

이곳은 캘리포니아주 샌프란시스코의 남동부에 펼쳐진 완만한 계곡 지대로, 원래는 우수한 품질의 포도주를 생산하던 곳이었습니다.

실리콘 밸리는 1939년 휴렛과 팩커드가 스탠퍼드대학교의 한 허름한 창고에서 사업을 시작한 데에서 비롯되었고, 초기에 반도체 산업을 중심으로 첨단 산업이 발달되어 반도체의 재료인 '실리콘'과 산타클라라 계곡을 뜻하는 '밸리'를 합쳐 '실리콘 밸리'라고 불리게 되었습니다. 1980년대 후반부터 반도체 산업을 기반으로 하여 정보 통신 산업, 전자 산업의 중심지가 되었습니다.

실리콘 밸리는 12~3월을 제외하고는 비가 잘 내리지 않아 전자 산업의 발달에 유리한 자연 조건을 갖추고 있을 뿐만 아니라, 가까운 곳에 우수한 인력을 갖춘 스탠퍼드대학교, 버클리대학교 등 명문 대학이 있다는 장점이 있습니다.

이곳에는 애플을 비롯하여 휴렛팩커드, 인텔, 페어차일드 등 4,000여 개의 기업이 모여 있으며, 미국 전자 공업 협회 본부가 있습니다.

이런 책도 있어요

신현신, 『세상을 바꾼 상상력, 스티브 잡스』, 문이당어린이, 2011
제시 하틀랜드, 『스티브 잡스 – 이게 바로 미래야』, 책읽는곰, 2018
최은영, 『스티브 잡스 아저씨의 세상을 바꾼 도전』, 주니어김영사, 2010

## 자유롭게 그려 봐요! **창의력 테스트**

[난이도 : 상 ⭐중⭐ 하 ]

★ 일회용 봉투의 사용을 줄이기 위한 나만의 에코 백을 꾸며 보세요.

• 정답은 가이드북 13쪽을 확인하세요.

# 3주

지식 동화 문화, 역사

## ⭐ 독서논술계획표

❯ 공부한 날짜를 쓰고, 끝마친 단계에는 V표를 하세요.

| 읽기 전 | | | 읽는 중 | | | | 읽은 후 | | |
|---|---|---|---|---|---|---|---|---|---|
| 월 | 일 | | 월 | 일 | 월 | 일 | | 월 | 일 |
| 생각 열기 | ☐ | | 생각 쌓기 1 | ☐ | 생각 쌓기 2 | ☐ | | 생각 정리 | ☐ |
| 낱말 탐구 | ☐ | | 내용 확인 | ☐ | 내용 확인 | ☐ | | 생각 넓히기 | ☐ |

독서 노트    월    일

# 피부색으로 차별받지 않는 무지개 나라

김이경

※ 이 글은 2000년 제1회 세계 어린이상을 수상한 남아프리카 공화국 헥터 피터슨의 이야기로, 『어린이가 어린이를 돕는다』의 일부입니다.

**1** 다음을 보고 서로 관련 있는 것끼리 선으로 이으세요.

• • •

모양, 무늬 등이 서로 같지 않은 가방, 셈이 잘못된 식과 관련 있는 낱말을 찾아보세요.

•

•  틀리다

•  다르다

**2** 다음 사진 속 어린이들은 어떤 점이 서로 다른지 세 가지 쓰세요.

• • •

겉으로 드러나는 신체적 차이뿐만 아니라, 지역이나 환경의 차이도 파악해 보세요.

**3** 다음 광고에서 말하려는 내용은 무엇이겠는지 쓰세요.

주어진 광고는 공익광
고예요. 공익 광고는
나라와 국민 전체의
이익을 위하여 만든
광고를 말해요. 이 광
고에서 전하고자 하
는 생각을 파악해 보
세요.

✦**인권유린**: 사람이 사람답게 살 권리를 해치는 일.

## 낱말 탐구

**1** 다음 낱말 카드의 글자를 이용해서, 빈칸에 알맞은 두 글자 낱말을 쓰세요.

통 권 치 력

왕이 [ ]을/를 잘해야 나라가 안정되고 백성이 편안하다.

죽음 앞에서는 아무리 많은 재산과 [ ]이/가 있더라도 소용이 없다.

권 거 선 인

비밀 투표 방식으로 회장 [ ]을/를 하였다.

개인의 [ ]을/를 무시하는 사회는 발전할 수 없다.

저 구 호 항

화가 난 시민들이 다 함께 [ ]을/를 외치며 달려 나왔다.

끝까지 [ ]하는 적군들을 모조리 잡아들였다.

**2** 다음 뜻을 가진 낱말에 ○표 하여 주어진 문장을 완성하세요.

---

정치적 목적을 이루기 위한 방법.

정부에서는 환경을 보호하고 전기를 절약하기 위한 다양한 정벌 정책 정착 을 펼치고 있다.

---

여럿이 어떤 목적을 위하여 모임.

동물 보호 단체에서는 이번 집단 집행 집회 이/가 평화적으로 이루어지도록 애쓰고 있다.

---

길잡이.

교육부에서 미세 먼지 발생 시 학생들을 보호하기 위한 지탄 지층 지침 이 내려왔다.

---

모였던 사람이 흩어짐.

경찰은 행진을 마치고 광장에 모인 수많은 사람들에게 해결 해방 해산 명령을 내렸다.

---

벌 떼처럼 떼 지어 세차게 일어남.

관리들의 지나친 사치에 불만을 가진 농민들이 전국에서 위기 봉기 시기 를 일으켰다.

---

새 임무를 맡고 처음 나감.

새로 오신 교장 선생님께서는 취임 취직 취학 연설을 끝내자마자 각 교실을 직접 둘러보셨다.

## 생각 쌓기

# 피부색으로 차별받지 않는
# 무지개 나라

김이경

### 남아프리카 공화국의 슬픈 역사

난 남아프리카 공화국에서 태어난 헥터 피터슨이야. 내가 태어난 곳은 이름에서 알 수 있듯이 아프리카 대륙 남쪽에 있는 나라야. 가장 남쪽에서 아프리카 대륙의 무게 중심을 잡고 있는 곳이지.

▲ 남아프리카 공화국

너희들은 '아프리카'라는 단어를 들으면 가장 먼저 뭐가 생각나니? 사자, 얼룩말, 치타 같은 동물들이 넓은 초원에서 뛰어노는 장면이 떠오를 거야. 하지만 남아프리카 공화국에 도착하면 깜짝 놀랄걸. 유럽에서나 볼 만한 건물과 높은 빌딩 그리고 백인들이 많거든.

남아프리카 공화국에서 물씬 풍기는 유럽 분위기는 아픈 역사의 흔적이란다. 건물과 도로, 철도는 19세기 무렵, 백인들에 의해 지어진 것들이야. 남아프리카 공화국은 1652년부터 무려 300여 년 동안 네덜란드와 영국의 식민 지배를 받았거든. 그때부터 우리 흑인들은 땅과 자원을 모두 낯선 백인들에게 빼앗기게 되었지.

---

✦ **헥터 피터슨(1963~1976):** 남아프리카 공화국에서 일어난 소웨토 항쟁에서 경찰의 총격으로 인해 죽임을 당한 소년으로, 당시 나이는 13살이었음. 피를 흘리고 쓰러진 헥터 피터슨을 한 사진 작가가 촬영해 전 세계에 알려졌음.

백인들은 점차 정치적·경제적·사회적인 힘을 키워 우리 땅에서 주인 행세를 했고, 흑인들은 마치 노예가 된 듯했어. 시간이 지날수록 피부색에 따른 차별은 더욱 심해졌어. 1948년에 백인 우월주의를 내세운 정당이 권력을 쥐면서 흑인을 차별하는 정책까지 만들었지. 이것이 '아파르트헤이트(Apartheid)'라는 인종 차별 정책이야.

아파르트헤이트 정책에 따라서 흑인들은 선거를 할 수 없었고, 피부색이 같은 사람끼리 결혼을 해야 했어. 그리고 거주 지역을 구분하여 같은 인종끼리만 모여 살도록 했어. 심지어 공원, 해변, 화장실까지 흑인용과 백인용으로 분리했어. 정부는 철저히 감시하기 위해 신분증에 인종 등급을 표시했고, 백인이 사용하는 장소에 백인이 아니면 절대 못 들어가게 했어.

우리 가족은 흑인 거주 지역 중 한 군데인 소웨토에서 살았어. 나는 흑인 전용 병원에서 태어났고, 흑인 전용 학교를 다니며 흑인 전용 버스만 탔어. 남아프리카 공화국은 흑백이 나누어진 채 점점 백인들만을 위한 나라가 되어 갔지.

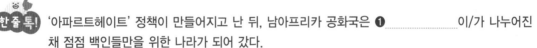

한줄톡! '아파르트헤이트' 정책이 만들어지고 난 뒤, 남아프리카 공화국은 ❶ ........................ 이/가 나누어진 채 점점 백인들만을 위한 나라가 되어 갔다.

## 1976년 6월 16일, 저항이 시작되다

나라의 제도와 시설이 백인을 위해 만들어지다 보니 흑인은 어리석고 멍청하다는 백인의 주장을 묵묵히 받아들일 수밖에 없었어. 오랜 세월 우리 조상들이 이뤄 온 역사와 문화를 뒤로한 채 백인들의 꽁무니만 졸졸 쫓은 거야. 익숙한 생활이었지만 마음은 늘 답답했어.

"정말 지겹지 않아? 80명이 한 반에서 수업을 받다니! 책상도 의자도 부족해! 백인 아이들이 가는 학교는 깨끗하고 책도 많다더라. 봤어? 이건 너무 불공평해!"

"나도 똑같은 심정이야, 헥터! 창문이 깨져서 이렇게 찬 바람이 들어오는데 아무도 고쳐 주지 않아! 이게 무슨 학교야?"

우린 모일 때마다 불평을 쏟아 냈어. 그래도 어쩌겠어. 우리가 다닐 학교는 이곳밖에 없는걸. 불편해도 참고 다닐 수밖에 없었지.

✦심정: 마음속에 품고 있는 생각이나 감정.

그러던 중 정부에서 지침이 내려왔어.

"지금부터 두 가지 언어만 써야 한다! 영어와 아프리칸스 어. 이외에 다른 언어 사용은 금지한다!"

아프리칸스 어는 남아프리카 공화국을 침략한 네덜란드 사람들이 쓰던 네덜란드 어와 아프리카 말이 섞인 언어야. 흔히들 '백인 지배의 상징'이라고 불러.

원래 남아프리카 공화국에는 부족이 다양하다 보니 쓰는 언어도 여러 가지여서 11개의 공용어가 있었어. 하지만 이젠 백인들의 언어로만 말하고, 글을 쓰고 시험을 보라는 거야. 더욱이 학교에는 아프리칸스 어를 가르칠 선생님도 없었지. 이건 우리 고유어와 함께 남아프리카 공화국의 역사를 없애 버리겠다는 뜻과 같았어.

'어떻게 이런 엉터리 같은 일이 벌어지지? 어른들은 뭘 한 거지?'

난 도저히 이해할 수 없었어. 우리 학교는 물론이고 주변 학교까지 모두 이 소식으로 들썩였어.

한줄톡! 정부에서 앞으로 영어와 ❷ _____ 이외에 다른 언어 사용은 금지한다는 지침이 내려왔다.

"지금부터 영어와 아프리칸스 어만 써야 한다!"

"우리 함께 아프리칸스 어 강제 사용에 반대하는 목소리를 높입시다! 6월 16일에 광장으로 모입시다!"

학교 곳곳에는 6월 16일에 모이자는 전단지가 나돌았고, 삼삼오오 짝을 이루어 광장으로 갈 준비를 했어. 1976년 6월 16일, 나도 친구들과 함께 소웨토의 집회 현장으로 뛰어갔어.

"우리는 지배자의 언어로 배우는 것을 원하지 않는다!"

"엉터리 같은 지시를 따르지 않겠다! 우린 속지 않을 것이다!"

나는 광장으로 나가 큰 소리로 외쳤어. 경찰들이 많았지만 무섭지 않았어. 나와 함께 구호를 외치는 친구들이 있었으니까.

 1976년 6월 16일, 헥터 피터슨은 친구들과 함께 소웨토의 집회 현장으로 뛰어가 아프리칸스 어 강제 사용에 ❸ _____ 구호를 외쳤다.

글의 앞부분을 읽고, 물음에 답해 보세요.

**1** 남아프리카 공화국에 대한 설명으로 알맞지 <u>않은</u> 것의 기호를 쓰세요.

> ㉮ 유럽에서나 볼 만한 건물과 높은 빌딩, 백인들이 많다.
>
> ㉯ 1652년부터 300여 년 동안 영국과 프랑스의 지배를 받았다.
>
> ㉰ 19세기 무렵에 백인들에 의해 건물과 도로, 철도 등이 지어졌다.

**2** 다음에서 설명하는 인종 차별 정책의 이름은 무엇인지 쓰세요.

> • 1948년에 남아프리카 공화국의 백인 우월주의를 내세운 정당이 만든 인종 차별 정책이다.
>
> • 남아프리카 공화국이 흑인과 백인으로 나누어진 채 점점 백인들만을 위한 나라가 되어 가게 한 정책이다.

**3** 남아프리카 공화국에서 차별을 당한 흑인들의 모습으로 알맞지 <u>않은</u> 것은 무엇인가요? (        )

① 선거를 할 수 없었다.

② 학교에 다닐 수 없었다.

③ 같은 흑인끼리만 결혼할 수 있었다.

④ 백인이 사용하는 장소에 절대 들어갈 수 없었다.

**4** 헥터 피터슨이 친구들과 함께 소웨토의 집회에 참여한 까닭으로 알맞은 것에 ○표 하세요.

(1) 아프리칸스 어 강제 사용에 반대하기 위해서 (        )

(2) 남아프리카 공화국에서 백인들을 쫓아내기 위해서 (        )

(3) 백인들에게 조상들이 이뤄 온 역사와 문화를 알리기 위해서 (        )

⭐ 이어서 다음 글을 읽어 보세요.

## 죽음이 바꾼 역사

흥분한 일부 학생들이 경찰들을 향해 돌을 던지기는 했지만 집회는 평화로 웠어. 학생들은 그저 구호만 부르짖었지. 우린 경찰들과 마주한 채 흑인의 전통 민요를 불렀어.

"신이여, 그대가 우리나라를 지켜 주소서."

이 노래를 부르는 동안 경찰들은 조용했어. 그런데 노래가 채 끝나기 전에 갑자기 총소리가 들렸어.

탕 탕 탕 탕 탕 탕—

경찰들이 우리에게 총구를 겨누고 마구 쏘았어.

"모두 뛰어! 해산!"

난 바로 그곳을 뛰쳐나왔어. 정신없이 뛰다가 모퉁이를 돌 때였어.

탕—

총알 하나가 내 머리에 꽂혔고, 난 그 자리에서 쓰러졌어.

"헥터! 헥터 피터슨! 일어나! 정신 차려 봐! 눈을 떠!"

선배가 내 이름을 불러 댔지만 난 아무 말도 할 수 없었어.

"조금만 기다려! 제발, 제발!"

내 머리에서는 피가 줄줄 나오고 있었어. 선배는 나를 들고 뛰기 시작했어.

"오빠, 오빠!"

내 여동생은 온몸을 벌벌 떨며 병원으로 향했어. 하지만 난 총을 맞은 그 순간에 이미 세상을 떠났단다.

선배가 총에 맞은 나를 안고 병원으로 달려갈 때, 누군가가 사진을 찍었나 봐. 그 사진이 신문에 실리면서 전국에 퍼져 나갔어.

✦**총구**: 총알이 나가는 총의 앞쪽 끝부분.

## "국가가 죄 없는 헥터 피터슨을 죽이다."

모든 신문의 머리기사는 내 사진으로 도배되었고, 남아프리카 공화국의 흑인들이 큰 슬픔에 빠졌어. 분노로 들끓은 시민과 학생들은 소웨토로 몰려들어 인종 차별 정책에 반대하는 시위를 했지.

소웨토에서 1976년 6월 16일부터 시작된 시위는 주변 지역으로 점차 확산되었고, 무려 일 년이 넘게 이어졌어. 이 시위를 '소웨토 봉기'라고 부르는데, 그 기간 동안 5,000명이 넘는 사람들이 다치거나 경찰이 쏜 총에 목숨을 잃었어. 소웨토 봉기는 나라 전체를 뒤흔들고, 흑인 차별을 일삼은 남아프리카 공화국의 야만성을 전 세계에 낱낱이 알린 큰 사건이야. 다른 나라에서 비판하는 목소리가 커지자 정부는 인종 차별 정책을 서서히 없애고, 피부색에 따라 나누었던 인종 등급도 없앴어.

 총에 맞은 헥터 피터슨의 사진이 ❹ ................................. 에 실리면서 전국에 퍼져 나갔다.

## 무지개의 나라, 남아프리카 공화국

내가 세상을 떠난 지 18년이 지난 1994년에 남아프리카 공화국에서도 흑인들이 직접 대통령 선거에 참여할 수 있게 되었어. 남아프리카 공화국 사상 처음으로 백인과 흑인이 모두 평등하게 치르는 선거였지. 그때 흑인인 *넬슨 만델라가 대통령이 되었어.

▲ 넬슨 만델라

넬슨 만델라는 피부색으로 사람을 차별하는 정부에 저항하다 약 27년간 감옥에 갇혀 있었어. 만델라는 감옥에서 나온 뒤에도 흑인 인권을 위해 앞장섰지. 그는 대통령 취임 연설에서 당당하게 말했어.

"흑인과 백인 모두가 가슴속에 어떤 두려움도 없이 당당하게 걸을 수 있는 무지개 나라를 만들겠습니다. 나는 백인 통치도, 흑인 통치도 반대합니다. 나는 민주적이고 자유로운 사회를 *이상으로 삼고 있습니다. 그 사회에서는 모든 사람이 동등한 기회를 가지며 조화롭게 더불어 살아갈 것입니다. 용기란 두려움이 없는 것이 아니라 두려움을 이기는 것이라는 걸 나는 알았습니다. 용감한 사람은 무서움을 느끼지 않는 사람이 아니라 두려움을 *정복하는 사람입니다."

만델라는 남아프리카 공화국 흑인들에게 수백 년간 깊이 새겨진 상처를 감싸 안았어. 그리고 흑인들이 피부색 때문에 더 이상 차별받지 않고 두려움 없이 남아프리카 공화국에서 살아갈 수 있도록 노력했어. 다양한 피부색의 사람들이 서로 어울려 살 수 있는 무지개 나라가 출발한 거야.

---

✦**넬슨 만델라(1918~2013):** 남아프리카 공화국 최초의 흑인 대통령이자 흑인 인권 운동가.
✦**이상:** 생각할 수 있는 범위 안에서 가장 완전하다고 여겨지는 상태.
✦**정복하는:** 다루기 어렵거나 힘든 대상 따위를 뜻대로 다룰 수 있게 된.

### 멀지만 가야 할 길

내가 숨을 거둔 거리에는 '헥터 피터슨 박물관'이라고 해서 내 이름을 딴 박물관이 있어. 내가 시위에 나갔다가 경찰이 쏜 총에 맞은 걸 잊지 않기 위해 2002년 6월 16일에 세웠다고 해. 이곳엔 인종 차별을 반대한 많은 사람들의 기록들이 담겨 있어.

▲ 헥터 피터슨 박물관

'다시는 같은 실수를 하지 않겠습니다.'와 같은 메모도 있어.

남아프리카 공화국의 인종 차별 정책은 없어졌지만 여전히 흑인들은 차별받으며, 가난하게 살고 있어. 이들은 양철 지붕 아래에서 지내고 그 주변에는 쓰레기가 널려 있지. 마을에서 유일하게 깨끗한 건물에는 부유한 백인이 살고, 흑인들은 이 건물을 청소하거나 정원 가꾸는 일을 해. 수많은 흑인들이 일자리를 얻지 못하고 길거리에서 노점상을 하다가 내쫓기기도 하지.

 넬슨 만델라는 ❺ _____ 을/를 위해 앞장섰다.

오랫동안 인종 차별 정책에 당했던 흑인들의 삶이 갑자기 바뀌기는 쉽지 않았어. 모아 둔 재산도, 받은 교육도 거의 없으니 할 수 있는 일은 별로 없었지.

피나는 투쟁과 노력에도 불구하고 빨리 바뀌지 않는 현실이 안타까워. 그래서 난 다시 태어나도 거리로 나설 거야. 경찰이 무섭지만 크게 외칠 수 있어.

"사람은 태어날 때부터 평등합니다! 피부색이 다르다는 이유로 차별할 수 없습니다! 우리 흑인은 백인과 같은 인간입니다!"

나와 함께 외쳐 주겠니? 외모나 피부색으로 사람을 평가하는 사람이 있다면 꼭 나를 떠올려 줘. 그리고 얼굴이 검은 사람도, 흰 사람도, 모두 사랑받기 위해 세상에 왔다는 걸 일깨워 줘.

 **한줄톡!** 사람은 태어날 때부터 평등하며 ❻ _____ 이/가 다르다는 이유로 차별할 수 없다.

글의 뒷부분을 읽고, 물음에 답해 보세요.

**1** 평화롭게 집회에 참여한 헥터 피터슨에게 생긴 일로 알맞은 것에 ○표 하세요.

(1) 손에 수갑이 채워진 채로 어디론가 끌려갔다. (　　　)

(2) 정신없이 뛰다가 경찰에게 붙들려 매를 맞았다. (　　　)

(3) 경찰이 쏜 총에 머리를 맞아 그 자리에서 숨을 거두었다. (　　　)

**2** 다음은 무엇에 대하여 설명한 내용인지 쓰세요.

> • 소웨토에서 1976년 6월 16일부터 시작되어 주변 지역으로 점차 확산되었으며 일 년이 넘게 이어진 시위이다.
> • 흑인 차별을 일삼은 남아프리카 공화국의 야만성을 전 세계에 알린 큰 사건이다.

✎ _____

**3** 넬슨 만델라에 대한 설명으로 알맞지 <u>않은</u> 것은 무엇인가요? (　　　)

① 흑인 인권을 위해 앞장섰다.

② 흑인을 대표하여 백인들에게 사과하고 용서를 구했다.

③ 인종 차별을 한 정부에 저항하다가 27년 동안이나 감옥에 갇혀 있었다.

④ 남아프리카 공화국 사상 최초로 백인과 흑인이 평등하게 치른 선거에서 대통령이 되었다.

**4** 헥터 피터슨의 죽음이 우리에게 일깨워 준 것은 무엇인지 **보기**에서 찾아 쓰세요.

| 보기 | 행복 | 평등 | 우정 | 겸손 |
|---|---|---|---|---|

✎ _____

이제 생각을 정리하고, 마음껏 펼쳐 볼까요?

# 생각 정리

**1** 『피부색으로 차별받지 않는 무지개 나라』에서 남아프리카 공화국의 인종 차별 정책이 어떻게 달라졌는지 생각하며 빈칸에 알맞은 말을 쓰세요.

## 남아프리카 공화국의 슬픈 역사

**①** 남아프리카 공화국은 1652년부터 무려 300여 년 동안 네덜란드와 영국의 식민 지배를 받았고, 그때부터 흑인들은 땅과 자원을 모두 낯선 〔        〕에게 빼앗겼다.

**②** 1948년에 '아파르트헤이트'라는 〔            〕 정책에 따라 정부는 신분증에 인종 등급을 표시하고 백인과 흑인의 거주 지역을 분리하는 등 흑인과 백인을 엄격하게 구분하였다. 남아프리카 공화국은 점점 백인들만을 위한 나라가 되어 갔다.

## 헥터 피터슨의 저항과 안타까운 죽음

**③** 1976년, 정부에서 "〔                        〕"라는 지침이 내려왔고, 이에 분노한 헥터 피터슨과 친구들은 〔        〕의 집회 현장에 뛰어가 엉터리 같은 지시를 따르지 않겠다며 큰 소리로 반대 구호를 외쳤다.

 ④ 평화롭게 구호를 외치던 학생들에게 경찰들이 갑자기 총을 마구 쏘았고, 그곳을 뛰쳐나오던 헥터 피터슨이 머리에 총을 맞고 세상을 떠났다.

⑤ 헥터 피터슨이 총에 맞은 모습을 찍은 사진이 신문에 실리자, 분노한 시민과 학생들이 소웨토에서 [                    ] 점차 주변 지역으로 확산되었다. 이로 인해 정부는 인종 차별 정책을 없애고, [            ]에 따라 나누었던 인종 등급도 없앴다.

## 무지개의 나라, 남아프리카 공화국

⑥ 1994년, 역사상 처음으로 백인과 흑인이 모두 치르는 평등 선거에서 흑인인 [                ]이/가 대통령이 되었고, 다양한 피부색의 사람들이 서로 어울려 살 수 있는 [            ] 을/를 만들기 위해 노력하였다.

⑦ 2002년, 헥터 피터슨이 숨진 거리에 [                ]이/가 세워졌고, 남아프리카 공화국의 인종 차별 정책도 없어졌지만 여전히 흑인들은 차별받으며 가난하게 살고 있다. 사람은 [                ]하다는 것을 잊지 말아야 한다.

**1** 다음 상황에서 백인과 흑인은 각각 어떤 생각을 하였을지 쓰세요.

○○○
피부색이 다르다는 이유로 차별하는 입장과 차별당하는 입장의 차이를 생각해 보세요.

| 백인 | |
|------|--|
| 흑인 | |

○○○
다문화 가정은 우리나라에 살고 있는 국제 결혼 가정으로 부모 중 한쪽이 한국인으로 구성된 가정을 말해요.

**2** 『피부색으로 차별받지 않는 무지개 나라』에 나타난 흑인에 대한 백인들의 차별과, 다문화 가정에 대한 우리나라 사람들의 편견이 어떤 점에서 비슷한지 생각하여 쓰세요.

다문화 가정에 대한 다양한 생각 중에서 이 글에 나온 백인들과 어떤 점에서 비슷한지 생각해 봐.

**3** 이제 우리나라도 다문화 사회가 되었습니다. 모두 함께 더불어 잘 사는 나라를 만들기 위해 우리가 어떤 노력을 해야 할지 생각하여 쓰세요.

이웃이나 학교에 다문화 친구가 있다면 어떻게 대하면 좋을지 생각해 보세요.

모든 사람은 태어날 때부터 평등합니다!

정부와
여러 기관에서
해야 할 일

우리가
다문화 이웃과
친구들을
대하는 자세

**4** 우리 사회에는 다양한 사람들이 모여 살고 있습니다. 다음 그림 속 상황에서 '차이를 배려하는 것'과 '차별 대우하는 것'을 구분하여 ○표 하고 그렇게 생각하는 까닭을 쓰세요.

지하철 좌석에 임산부 배려석을 만드는 것

차이 배려 , 차별 대우

그렇게 생각하는 까닭

특정 종교를 믿는 사람의 옷차림이나 행동에 간섭하는 것

차이 배려 , 차별 대우

그렇게 생각하는 까닭

**5** 우리 사회에는 인종 차별 말고도 다양한 종류의 차별이 존재합니다. 다음 상황 중 하나를 골라 차별적 상황에 대한 내 생각을 쓰세요.

우리 사회에서 문제가 되고 있는 여러 가지 차별적 요소를 생각하여 보세요.

**6** 다음 두 가지 사건에는 공통점이 있습니다. 이를 통해 알 수 있는 사실은 무엇인지 생각하여 쓰세요.

한 나라의 언어에 담겨 있는 것이 무엇인지 생각하여 보세요.

- 헥터 피터슨과 흑인 친구들이 남아프리카 공화국 정부의 아프리칸스 어 강제 사용 지침에 반대하는 집회에 참여한 일
- 일제 강점기에 우리말 사용을 금지한 일본에 맞서 많은 학자와 국민이 감옥에 갇혀 고통을 겪은 일

## 국제 연합이 정한 '세계 인종 차별 철폐의 날'

1950년대에 들어서며 남아프리카 공화국에서는 모든 국민을 아프리카 흑인, 혼혈 인종, 백인으로 구분하는 인종 차별 정책(아파르트헤이트)을 펼치기 시작했어요. 그중 하나가 인종별로 거주지를 나눈 뒤 정해진 지역을 벗어나면 항상 통행증을 소지해야 한다는 것이었어요.

이러한 통행법이 옳지 않다고 생각한 흑인들은 1960년 3월 21일 자신들이 통행증이 없으니 모두 체포하라며 샤프빌 지역 경찰서 앞에서 평화 시위를 벌였어요. 시위에 참여한 사람들이 수천 명을 넘어서면서 분위기는 점점 험악해졌고, 급기야 경찰은 전투기까지 동원하고 도망치는 사람들에게 총을 쏘기 시작했어요. 이 사건으로 인해 69명이나 되는 사람들이 목숨을 잃었고 수백 명의 사람들이 크게 다쳤어요.

1966년에 국제 연합에서는 이들의 희생을 기억하고 전 세계를 인종 차별이 없는 곳으로 만들기 위해 매년 3월 21일을 '세계 인종 차별 철폐의 날'로 정하였고, 이날을 매년 기념하고 있어요. 이미 남아프리카 공화국의 인종 차별 정책은 사라졌지만, 아직도 세계 곳곳에 피부색이나 언어, 문화 등에 대한 차별이 남아 있어요.

매년 3월 21일이 되면 우리나라를 비롯한 많은 나라에서는 인종 차별에 대한 심각성을 알리고 피부색으로 차별받지 않는 세상을 만들기 위해 거리 곳곳에서 캠페인을 펼치고 있어요.

▲ '세계 인종 차별 철폐의 날' 기념 행사 포스터

이런 책도 있어요
데버러 와일즈, 『1964년 여름』, 느림보, 2006
윌리엄 밀러, 『사라, 버스를 타다』, 사계절, 2004
조지혜, 『왜 차별하면 안 되나요?』, 참돌어린이, 2012

# 두 눈을 크게 떠요! 집중력 테스트

[난이도 : 상 중 하]

★ 동물원의 담장이 무너져 동물 친구들이 섞여 버렸어요!
  같은 동물을 찾아 아래와 같은 색으로 칠하고, 각각 몇 마리씩 있는지 세어 쓰세요.

●정답은 가이드북 13쪽을 확인하세요.

# 4주

고전 소설 사회, 문화

## ✿ 독서논술계획표

❯ 공부한 날짜를 쓰고, 끝마친 단계에는 V표를 하세요.

| 읽기 전 | | | |
|---|---|---|---|
| | 월 | | 일 |
| 생각 열기 | ☐ | | |
| 낱말 탐구 | ☐ | | |

| 읽는 중 | | | |
|---|---|---|---|
| | 월 | | 일 |
| 생각 쌓기 1 | ☐ | | |
| 내용 확인 | ☐ | | |

| | | | |
|---|---|---|---|
| | 월 | | 일 |
| 생각 쌓기 2 | ☐ | | |
| 내용 확인 | ☐ | | |

| 읽은 후 | | | |
|---|---|---|---|
| | 월 | | 일 |
| 생각 정리 | ☐ | | |
| 생각 넓히기 | ☐ | | |

독서 노트    월    일

# 양반전

박지원

※ 『양반전』은 조선 후기 실학자 박지원이 쓴 글을 모은 『연암집』에 실려 있는 한문 소설로, 초등학생의 수준에 맞추어 쉽게 다듬었습니다.

# 생각 열기

**1** 다음 조선 시대 사람들의 생활 모습을 담은 풍속화를 잘 살펴보고, 양반과 평민의 생활이 각각 어떠하였을지 쓰세요.

●●●

풍속화는 그 시대의 사정이나 형편, 모습 등을 그린 그림입니다. 각 그림 속 상황이나 인물의 모습을 잘 살펴보고, 양반과 평민의 생활을 짐작하여 써 보세요.

**조선 시대 양반의 생활**

▲ 단원도　　　　　▲ 반상도

✎

--------------------------------------------------

--------------------------------------------------

**조선 시대 평민의 생활**

▲ 논갈이　　　　▲ 길쌈　　　　▲ 대장간

✎

--------------------------------------------------

--------------------------------------------------

**2** 다음은 양반과 평민의 하루 일과를 나타낸 것입니다. 어떤 생각이나 느낌이 드는지 쓰세요.

●●●
자신이 양반이나 평민의 입장이라면 어떨지 생각이나 느낌을 자유롭게 써 보세요.

(1) 양반의 하루 일과

> 저는 새벽에 일어나 글을 읽는 것으로 하루를 시작합니다. 매일 아침 ✦사당에 들러 조상님께 예를 갖추고, 낮에는 학문을 닦는 일에 힘을 쓰지요. 무엇보다 양반의 품위를 잃지 않는 것이 중요해요.

✦**사당**: 조상의 이름을 적은 나무패를 모셔 놓은 집.

(2) 평민의 하루 일과

> 저는 새벽에 일어나 논밭에 나갑니다. 하루 종일 힘들게 일하지만 땅 주인에게 곡식을 갚거나 세금을 내고 나면 굶주림에서 벗어나기 힘들어요. 관리나 양반들에게 업신여김을 받기도 한답니다.

1 다음에서 설명하는 내용을 잘 읽고, 빈칸에 알맞은 낱말을 보기 에서 찾아 쓰세요.

보기　　　상투　　　버선　　　벙거지　　　잠방이

　　　　: 예전에, 장가 든 남자가 머리털을 끌어 올려 정수리 위에 틀어 감아 맨 것.

　　　　: 털로 만든 모자로, 주로 군사에 관한 일을 맡아보던 관아에 속한 종이나 양반집의 하인들이 썼음.

흑립

갓끈

도포

흑혜

저고리

짚신

　　　　: 천으로 발의 모양과 비슷하게 만들어 종아리 아래까지 발에 신는 물건.

　　　　: 가랑이가 무릎까지 내려오도록 짧게 만든 홑바지로, 여름철 농사를 지을 때 주로 입었음.

**2** 다음 문장에 어울리는 낱말을 골라 ○표 하세요.

교장 선생님께서는 성품이 어질고 학식 격식 이
높아서 많은 사람들의 존경을 받으신다.

시장 상인들은 물건을 팔 때마다 장부 출석부 에
꼼꼼하게 기록한다.

옛날에는 신체 신분 에 따라 하는 일이나 옷차림
이 서로 달랐다.

억울한 일을 당한 고을 백성들이 사또를 만나 문제를 해결
하려고 관가 관직 에 모여들었다.

도둑이 경찰 행세 자세 를 하고 다니며 여러 사람
들을 속였다.

그 사람이 범인이라는 확실한 증상 증거 을/를 찾
아야 한다.

❶ 양반과 부자의 생활 모습을 통해 당시의 사회상을 짐작해 보면서 다음 글을 읽어 보세요.

# 양반전

박지원

옛날, 강원도 정선 고을에 한 양반이 살았어.

이 양반은 마음이 어질고 착할 뿐만 아니라 글 읽기를 무척 좋아했어. 새벽부터 저녁 잠자리에 들 때까지 책을 손에서 놓지 않았던 양반은 학식이 매우 높았지. 그래서 그 고을에 새로 오는 군수는 꼭 이 양반의 집을 찾아 인사를 하곤 했어.

온종일 글만 읽다 보니 이 양반네 살림은 무척 가난했어. 그래서 늘 관가에서 곡식을 빌려 먹곤 했지. 그런데 여러 해 지나다 보니 빌려 먹은 곡식이 천⁺석이 넘었어.

⁺**석**: 곡식, 가루, 액체 따위의 부피를 잴 때 쓰는 단위로, 한 석은 약 180리터에 해당함.

어느 날, 여러 고을을 돌며 사정을 살피던 강원도 관찰사가 정선에 들렀어.

그러던 중에 곡식 장부를 보고는 깜짝 놀랐지.

"아니, 도대체 어떤 양반이 나라의 곡식을 천 석이나 빌려 먹었단 말이냐?

당장 빌린 곡식을 갚지 못하면 잡아다가 옥에 가두어라!"

관찰사의 말에 군수는 양반을 찾아가 곡식을 갚으라고 말했어. 하지만 양반이 아무리 궁리해 봐도 빌린 곡식을 갚을 수 있는 뾰족한 방법이 없었지.

"평생 글만 읽더니 이게 무슨 꼴이에요? 그 글이 밥을 줍니까, 고기를 준답니까? 그놈의 양반이란 게 쌀 한 톨의 값어치도 안 되는 것을……. 쯧쯧!"

양반의 아내는 혀를 끌끌 차며 말했어.

 한줄톡! 평생 글만 읽던 양반은 나라에서 빌려 먹은 ❶ _____(이)나 되는 곡식을 갚을 방법이 없었다.

✦관찰사: 조선 시대에 둔, 각 도의 으뜸 벼슬.

양반이 사는 건넛마을에는 부지런히 일해서 많은 재산을 모은 부자가 살고 있었어. 하지만 그 부자는 양반이 아니었지.

어느 날, 이 소식을 들은 부자가 가족을 불러 모았어.

"양반은 아무리 가난해도 귀한 대접을 받으며 살지만, 우리는 부자라고 해도 하찮은 대접을 받으며 살고 있다. 사실 양반 눈치를 보느라 말도 못 타고, 양반 앞에서는 기가 죽어서 말도 제대로 못 하고 고개를 숙이며 살아야 한다. 그런데 건넛마을에 사는 가난한 양반이 관가에서 곡식을 빌려 먹고 갚지 못해 잡혀갈 처지가 되었다는구나. 그래서 내가 그 양반 대신 곡식을 갚고 양반 신분을 사려고 하는데 너희들의 생각은 어떠하냐?"

"양반 신분을 사면 우리도 양반이 되는 거예요?"

"그럼, 그렇고말고!"

부자의 말에 아내와 아이들은 서로의 얼굴을 쳐다보며 환하게 웃었어.

다음 날, 부자는 가난한 양반을 찾아갔어.

"어르신, 빚진 곡식 천 석을 제가 대신 갚아 드리려고 합니다."

"아니, 그게 정말인가?"

"양반 신분을 저에게 파신다면, 당장이라도 제가 곡식 천 석을 갚도록 하겠습니다."

"양반 신분을 산다고? 그것 참 별일이네. 허허허!"

곧 옥에 갇힐까 봐 걱정만 하던 양반은 고개를 끄덕였어.

부자는 집에 돌아가자마자 양반이 빚진 곡식을 수레에 가득 싣고 가서 관가에 바쳤어.

 **한줄톡!** 부자는 양반 신분을 사기로 하고 양반이 ❷＿＿＿＿＿＿＿＿＿＿ 천 석을 관가에 바쳤다.

양반이 곡식을 모두 갚았다는 소식을 듣고 깜짝 놀란 군수는 양반이 사는 집을 찾아갔지. 그러자 벙거지를 쓰고 잠방이를 입은 양반이 나와 꾸벅 절을 하는 거야.

"군수께서 저희 집에 어쩐 일로……."

군수가 깜짝 놀랐어.

"아니, 어찌 이런 차림새를 하고 계십니까?"

"사실은 제가 관가의 곡식을 갚느라 양반의 신분을 팔았습니다. 이제부터는 그 부자가 양반이옵니다. 그런데 소인이 어찌 예전처럼 양반 행세를 하겠습니까?"

"뭐라고요?"

군수는 할 말을 잃은 채 멍하니 서 있었어.

"두 사람끼리 양반을 사고팔았을 뿐 아무런 증거가 없으니 다른 사람들이 어찌 알 수 있겠습니까. 제가 고을의 백성들을 모두 모아 증인으로 삼고 문서를 만들지요. 그리고 그 문서에 제 이름을 적어 양반을 사고판 것으로 인정하겠습니다."

한줄톡! ❸ _____은/는 양반을 만나 자신이 고을 백성들을 증인으로 삼고 문서를 만들겠다고 했다.

**글의 앞부분을 읽고, 물음에 답해 보세요.**

**1** 이 글에 나오는 양반에 대한 설명으로 알맞지 <u>않은</u> 것의 기호를 쓰세요.

> ㉮ 마음이 어질고 학식이 매우 높다.
> ㉯ 늘 관가에서 곡식을 빌려 먹곤 하였다.
> ㉰ 살림이 무척 가난하여 부자에게 하찮은 대접을 받았다.

**2** 양반이 옥에 갇힐 처지에 놓인 까닭은 무엇인가요? (        )

① 온종일 글만 읽어서          ② 과거에 자꾸 떨어져서
③ 군수에게 귀한 대접을 받아서   ④ 관가에서 빌린 곡식을 갚지 못해서

**3** 다음은 부자가 가족을 불러 모아 한 말입니다. 부자의 말에 어떤 마음이 담겨 있는지 쓰세요.

> "양반은 아무리 가난해도 귀한 대접을 받으며 살지만, 우리는 부자라고 해도 하찮은 대접을 받으며 살고 있다. 사실 양반 눈치를 보느라 말도 못 타고, 양반 앞에서는 기가 죽어서 말도 제대로 못 하고 고개를 숙이며 살아야 한다."

**4** 부자가 다음 소식을 듣고 한 일은 무엇인지 빈칸에 알맞은 말을 쓰세요.

> 건넛마을에 사는 가난한 양반이 관가에서 빌린 곡식 천 석을 갚지 못해 옥에 갇히게 될 처지에 놓였다.

→ 가난한 양반 대신 곡식을 갚고 (                )을/를 샀다.

⭐ 이어서 다음 글을 읽어 보세요.

이튿날, 군수는 양반과 부자, 고을 사람들을 관가에 모두 불러들였어. 그리고 부자를 쳐다보며 미리 만들어 놓은 문서를 읽기 시작했어.

"1745년 9월 아무 날에 양반이 신분을 팔아 관가에 빚진 나라 곡식 천 석을 갚은 사실을 이 문서로 *증명하고자 한다. 본래 양반에는 여러 가지가 있다. 대개 글을 읽으면 선비, 벼슬살이를 하면 대부, 덕을 갖추면 군자라고 한다. 이 중에서 원하는 것을 골라잡으면 된다."

군수의 말에 부자는 웃으며 고개를 끄덕였어.

✦증명: 어떤 사항이나 판단 따위에 대하여 그것이 진실인지 아닌지 증거를 들어서 밝힘.

"그런데 양반이 되면 천한 일을 절대로 하지 말아야 하고 옛것을 따라 배우고 높은 뜻을 받들며 지내야 한다. 새벽부터 등잔불을 켜고 발꿈치를 괴고 앉아 책을 줄줄 외워야 한다. 배고픔과 추위를 참아야 하며 가난하다는 말을 절대로 해서는 안 된다. 먼지도 마치 물결이 일 듯 부드럽게 쓸어서 털어야 한다. 그리고 세수할 때에는 주먹을 쥐고 비벼서는 안 되고, 냄새가 나지 않도록 입을 말끔히 헹궈야 한다. 하인을 부를 때는 길게 소리 내어 부르고, 걸을 때는 신을 가볍게 끌며 천천히 발걸음을 옮겨야 한다."

부자는 얼굴이 조금씩 어두워지며 군수의 이야기를 계속 들었어.

**한줄톡!** 군수가 양반과 부자, 고을 사람들을 관가에 모두 불러들여 미리 만들어 놓은 문서를 읽어 내려가자,
❹ ＿＿＿＿＿＿＿＿＿＿의 얼굴이 조금씩 어두워졌다.

"옛 선비의 글을 한 줄에 백 자씩 깨알같이 작게 베껴 써야 하고, 손으로 돈을 만지지 말아야 하며, 쌀값이 얼마인지 알려고 하지도 말아야 한다. 아무리 더워도 버선을 벗지 말아야 하고, 맨상투 바람으로 밥을 먹어서도 안 되고, 밥보다 국을 먼저 먹거나 국을 후루룩 소리 내어 먹어서도 안 된다. 익히지 않은 파를 먹지도 말고, 담배를 피울 때는 볼이 움푹 패도록 빨지 말아야 한다."

부자의 얼굴이 점점 더 붉어졌어.

"그뿐만이 아니다. 화가 나도 그릇 따위를 발로 차지 말고, 자식들을 주먹으로 때려서도 안 된다. 종을 심한 말로 꾸짖으면 안 되고 소나 말을 나무랄 때에는 그 주인한테까지 욕을 하지 말아야 한다. 병에 걸려도 무당을 부르지 말고 제사를 지낼 때 스님을 불러 불공을 드려서도 안 된다. 아무리 추워도 화로에 불을 쬐지 말아야 하고, 말할 때 입에서 침을 튀겨서도 안 되고, 노름을 해서도 안 된다. 만일 이러한 양반의 행실을 지키지 못하고 어긋난 것이 있으면 이 문서를 증거로 삼을 것이다."

군수는 문서 끝에 이름을 쓰고 도장을 쾅쾅 찍었어.

'세상에 이런 어처구니없는 양반 문서가 다 있다니…….'

부자는 한참 동안 멍하니 서 있다가 마침내 입을 열었어.

"양반이란 게 고작 이 정도밖에 안 되는 것입니까? 양반의 삶은 신선과 같
다고 들었습니다. 양반이 하는 일이 겨우 이 정도라면 억울하게도 곡식 천
석만 날렸다는 생각이 듭니다. 저에게 좀 더 이익이 되는 방향으로 이 문서
를 고쳐 써 주십시오."

부자의 말을 듣고 군수는 한동안 생각에 잠겼어. 이윽고 문서를 고쳐 쓰면
서 다시 큰 목소리로 읽어 내려갔어.

 부자는 자신에게 좀 더 ❺ _____ 이/가 되는 방향으로 문서를 고쳐 써 달라고 군수에게 요
구했다.

✦**신선:** 도를 닦아서 현실의 인간 세계를 떠나 자연과 벗하며 산다는 상상의 사람.

"하늘이 백성을 만들 때 넷으로 구분을 했다. 그 가운데 가장 귀한 것이 선비요, 곧 양반이다. 양반은 밭을 갈지 않고 장사를 하지 않아도 된다. 글만 조금 읽으면 과거를 보고 벼슬에 오를 수 있어 온갖 좋은 것을 다 누릴 수 있다. 또 하인들을 마음대로 부릴 수 있다. 비록 가난하여 시골에 살더라도 모든 것을 제 마음대로 할 수 있다. 이웃의 소를 가져다가 자기 밭을 먼저 갈게 할 수 있고, 마을 농부들을 불러 자기 논일을 먼저 시켜도 되고, 천한 백성들 코에 물을 들이붓고 상투를 잡아당기고 수염을 뽑아도 감히 양반을 원망하거나 어찌할 수 없다."

부자는 군수가 문서를 다 쓰기도 전에 혀를 내둘렀어.

"그만, 그만하시오. 양반 신분을 앞세워 그 많은 일들을 제 마음대로 하다니 참으로 어이없는 일입니다. 이번에는 저를 도둑놈으로 만들 작정입니까? 싫습니다. 싫어요!"

부자는 고개를 절레절레 흔들면서 뒤도 안 돌아보고 관가를 빠져나갔어. 그리고 죽을 때까지 '양반'이라는 말을 꺼내지도 않았지.

 한줄톡! 부자는 ❻_____을/를 앞세워 많은 일들을 제 마음대로 하는 양반을 도둑놈과 다름없다고 생각하였다.

**글의 뒷부분을 읽고, 물음에 답해 보세요.**

**1** 이 글에 대한 설명으로 알맞은 것에 ○표 하세요.

(1) 엄격했던 신분 제도가 무너지고 있는 사회 모습이 드러난다. (       )

(2) 평민도 돈이 많으면 사람들에게 대접받는 세상임이 나타나 있다.
(       )

(3) 예전부터 이어 온 전통과 체면을 멀리한 채 이익을 추구하는 양반의 모습을 비판하고 있다. (       )

**2** 군수가 양반과 부자, 고을 사람들을 관가에 불러 모아 양반 문서를 만들어 읽은 까닭은 무엇인가요? (       )

① 양반 신분을 사고판 증거를 남기려고
② 양반 신분을 사고파는 것을 권장하려고
③ 양반 신분을 판 가난한 양반에게 망신을 주려고
④ 마음대로 곡식을 주고 양반 신분을 산 부자를 혼내 주려고

**3** 양반이 해서는 안 되는 일을 두 가지 찾아 기호를 쓰세요.

> ㉮ 쌀값이 얼마인지 안다.
> ㉯ 국을 후루룩 소리 내어 먹는다.
> ㉰ 하인을 부를 때 길게 소리 내어 부른다.
> ㉱ 옛 선비의 글을 한 줄에 백 자씩 작게 베껴 쓴다.

✎ _____

**4** 부자는 군수가 고쳐 쓴 두 번째 문서의 내용을 듣고 양반을 무엇과 같다고 생각하였는지 쓰세요.

✎ _____

📖 이제 생각을 정리하고, 마음껏 펼쳐 볼까요?

# 생각 정리

**1** 『양반전』에서 양반과 부자에게 일어난 일을 정리하여 빈칸에 알맞은 말을 쓰세요.

**①** 강원도 정선 고을에 글 읽기를 좋아하고 [                ]이/가 매우 높은 양반이 살았는데, 온종일 글만 읽다 보니 살림이 무척 가난했다.

**②** 정선에 들른 강원도 관찰사가 곡식 장부를 보고 깜짝 놀랐고, 가난한 양반은 그동안 나라에서 빌려 먹은 [                ] 천 석을 갚지 못해 옥에 갇힐 신세가 되었다.

**③** 건넛마을에 사는 부자가 양반을 찾아가 빚진 곡식을 [                ] 양반 신분을 사기로 하였다.

④ 양반이 부자에게 신분을 팔았다는 말을 들은 [                ]은/는 양반과 부자, 고을 사람들을 관가에 불러들여 미리 만들어 놓은 [          ]을/를 읽기 시작했다.

⑤ 군수가 양반이 [                              ] 일과 해서는 안 되는 일이 적힌 문서를 읽어 나가자, 부자의 얼굴이 조금씩 어두워졌다.

⑥ 문서의 내용이 마음에 들지 않은 부자는 군수에게 자신에게 좀 더 이익이 되게 [                              ] 부탁을 하였다.

⑦ 고쳐 쓴 문서의 내용을 듣고 부자는 자신을 [              ](으)로 만들 작정이냐며 관가를 빠져나갔고, 다시는 [          ](이)라는 말을 꺼내지도 않았다.

**1** 다음 인물들의 말을 통해 글쓴이가 하고 싶은 말은 무엇이겠는지 생각하여 쓰세요.

● ● ●

각 인물의 말에 담겨 있는 양반에 대한 생각을 짐작하여 써 보세요.

양반의 아내

> 평생 글만 읽더니 이게 무슨 꼴이에요? 그 글이 밥을 줍니까, 고기를 준답니까? 그 놈의 양반이란 게 쌀 한 톨의 값어치도 안 되는 것을…… 쯧쯧!

부자

> 그만, 그만하시오. 양반 신분을 앞세워 그 많은 일들을 제 마음대로 하다니 참으로 어이없는 일입니다. 이번에는 저를 도둑놈으로 만들 작정입니까? 싫습니다. 싫어요!

**2** 다음과 같은 상황에서 내가 양반과 부자, 군수였다면 어떻게 행동하였을 지 쓰세요.

각 인물이 처한 상황에서 어떤 행동을 할 수 있을지 생각하여 보세요.

(1) 곡식을 갚지 못해 옥에 갇힐 처지에 놓인 양반이었다면

(2) 군수가 쓴 문서가 마음에 들지 않았던 부자였다면

(3) 부자가 양반 신분을 샀다는 소식을 들은 군수였다면

**3** 양반이 부자에게 곡식 천 석을 받고 양반 신분을 판 것에 대해 어떻게 생각하는지 내 생각을 쓰세요.

양반이라는 신분을 통해 얻는 이익과, 양반 신분을 버림으로 얻을 수 있는 이익을 생각하여 답해 보세요.

> **내 생각**
>
> 양반 신분을 돈이나 곡식을 받고 사고판 것은  괜찮다 ,  괜찮지 않다  고 생각한다.

**그렇게 생각하는 까닭**

---
---
---

**4** 군수가 처음 작성한 다음 문서의 내용에서 비판하고 있는 양반의 모습은 무엇인지 쓰세요.

'양반은 물에 빠져도 개헤엄은 안 한다.'라는 우리 속담이 있어요. 이 속담의 뜻과 관련지어 생각해 보세요.

- 배고픔과 추위를 참고, 가난하다는 말을 절대로 해서는 안 된다.
- 걸을 때 신을 가볍게 끌며 천천히 발걸음을 옮겨야 한다.
- 아무리 더워도 버선을 벗지 말아야 하고, 맨상투 바람으로 밥을 먹어서는 안 된다.

5 다음 문서에 나오는 양반처럼, 우리 주변에도 자신의 지위를 앞세워 남에게 피해를 주는 행동을 하는 사람들이 있습니다. 어떤 사람이 있는지 떠올려 보고, 그 사람에게 하고 싶은 말을 쓰세요.

●●●
자신의 위치나 자리를 앞세워 남에게 피해를 주는 사람을 떠올려 보고, 그런 사람들에게 충고하는 말을 써 보세요.

> 비록 가난하여 시골에 살더라도 모든 것을 제 마음대로 할 수 있다. 이웃의 소를 가져다가 자기 밭을 먼저 갈게 할 수 있고, 마을 농부들을 불러 자기 논일을 먼저 시켜도 되고, 천한 백성들 코에 물을 들이붓고 상투를 잡아당기고 수염을 뽑아도 감히 양반을 원망하거나 어찌할 수 없다.

**떠올린 사람**

남을 무시하거나 남에게 피해를 끼치는 행동을 하면 안 돼요!

**그 사람에게 하고 싶은 말**

🖉 _____

_____

_____

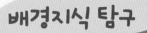

# 인도의 네 가지 신분 – 카스트 제도

카스트 제도란 인도의 힌두교 사회의 세습적인 신분 제도를 말해요. 옛날에 인도에서는 사람들을 크게 네 개의 신분으로 나누었고, 자세하게는 수천 가지의 직업별로 나누었어요.

▲ 카스트 제도의 네 가지 신분

힌두교에서 말하는 네 개의 신분에는 종교적 일을 담당하는 브라만, 정치와 군대의 일을 담당하는 크샤트리아, 상업과 농업을 담당하는 바이샤, 온갖 천한 일을 담당하는 노예 수드라가 있어요. 이 네 개의 신분에도 들지 못하는 가장 낮은 하층민도 있었는데, '접촉해서는 안 되는 사람들'이라는 뜻으로 '달리트(불가촉 천민)'라고 불렀어요.

카스트 제도는 인도 사람들의 결혼, 직업, 생활 모든 것에 영향을 끼쳤지요. 그래서 인도에서는 태어나면서부터 정해진 신분이 죽을 때까지 달라지지 않았을 뿐만 아니라, 결혼도 같은 신분을 가진 사람들끼리만 했대요.

오늘날 인도 정부에서는 나라의 발전에 걸림돌이라 생각하여 카스트 제도를 법적으로 금지하였어요. 그러나 카스트 제도는 워낙 오랜 기간 동안 뿌리박혀 있던 나쁜 풍습으로, 여전히 카스트 제도에 따른 차별이 남아 있다고 해요.

이런 책도 있어요

박지원, 『허생전』, 웅진주니어, 2013
조지 오웰, 『동물 농장』, 보물창고, 2016
김진호, 『홍길동전, 차별 없는 세상은 없을까?』, 아르볼, 2017

## 쉬어가기

# 재미로 보는 **심리 테스트**

[적중률 : 상 중 하 ]

★ 좋아하는 친구에게 선물을 주고 싶어요.
직접 포장을 하려고 하는데 어떤 무늬의 포장지가 좋을지 골라 보세요.

### ① 꽃 무늬

### ② 하트 무늬

### ③ 점 무늬

### ④ 별 무늬

● 결과는 가이드북 13쪽을 확인하세요.

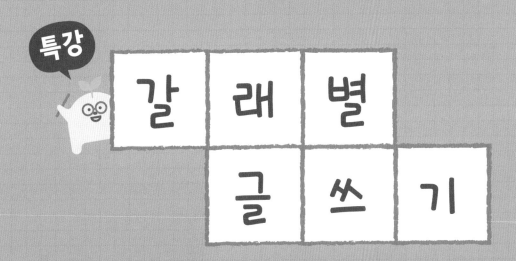

특강

## 갈래별 글쓰기

| 무 | 엇 | 을 |   | 쓸 | 까 | 요 | ? |   |   |   |   |
|---|---|---|---|---|---|---|---|---|---|---|---|
|   |   |   |   |   |   |   |   |   |   |   |   |
|   |   |   |   |   | 어 | 떻 | 게 |   | 쓸 | 까 | 요 | ? |
|   |   |   |   |   |   |   |   |   |   |   |   |
|   |   | 이 | 렇 | 게 |   | 써 |   | 봐 | 요 | ! |   |

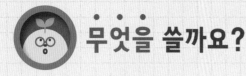

# 무엇을 쓸까요?

**기사문**  알릴 만한 가치가 있는 사실이나 사건을 객관적이고 정확하게 전달하기 위해 신문, 잡지, 방송 등에 쓰는 글입니다.

 **어떤 내용이 들어가나요?**

- **표제**
  기사의 전체 내용을 한눈에 알아볼 수 있게 나타낸 큰 제목
- **부제**
  표제의 내용을 더 구체적으로 알리는 작은 제목
- **본문**
  기사의 구체적인 내용
- **해설**
  기사에 대한 참고 사항이나 설명

기사문은 '기삿거리 정하기 → 관련 자료나 사진 찾기 → 기사문 작성하기 → 기사문 고쳐쓰기'의 순서대로 써.

---

**'○○구 기부 할아버지' 강원 산불에 1억 원 기부** → 표제

19년간 매년 3억씩 기부, 2002년 태풍 '루사' 때 처음 기부 시작 → 부제

지난 1일 오전 서울 ○○구청 사무실. 한 남성이 찾아와 '강원 산불로 인해 피해를 입은 주민들을 돕는 데 써 달라'며 1억 원의 수표가 든 봉투를 맡기고 떠났다. 따뜻한 선행의 주인공은 ○○구 주민 김형수(80) 씨.

김형수 씨는 지난 19년 동안 매년 3억씩 사회에 기부해 왔다. 첫 시작은 2002년 태풍 '루사' 때였다. 가난한 어린 시절을 보낸 김형수 씨는 태풍으로 인해 가족과 함께 살던 판자촌 집이 물에 떠내려간 기억이 떠올라 *수재 의연금 1억 원을 기부하였다.

어려움에 처한 사람들을 돕는 기쁨을 알게 된 김형수 씨는 그렇게 기부 중독자가 되었고, 매년 3억씩 기부를 하였다. 그는 "앞으로도 어려움에 처한 이웃이 있으면 또 기부할 생각입니다."라며 따뜻한 한마디를 전했다.

→ 본문

*수재 의연금은 태풍, 장마, 홍수 등이 발생했을 때 국민의 자발적인 참여로 모아진 모금을 말합니다.  → 해설

**어떻게 쓰나요?**

- 기사의 내용이 한눈에 들어올 수 있도록 제목을 적습니다.
- 육하원칙(누가, 언제, 어디서, 무엇을, 왜, 어떻게)에 따라 자세하게 씁니다.
- 간결하고 명확한 문장으로 씁니다.

**❶ 기사의 내용이 한눈에 들어올 수 있도록 제목을 적어요.**

- 길벗초등학교 김민정 선수, 100m 달리기 초등부 신기록 수립
- 여수 거문도 남서쪽 45km 해역에서 규모 2.3 지진 발생

**❷ 육하원칙이 드러나도록 자세하게 기사 내용을 써요.**

- 학교 운동장에서 지난주 금요일 이어달리기를 할 때 길벗초등학교 4학년 5반 한
  (어디에서)        (언제)                    (누가)
혜진 학생이 박수갈채를 받았다. 일 등으로 달리던 학생을 쫓아가서 역전했기 때
  (무엇을)   (어떻게)                        (왜)
문이다.

**❸ 간결하고 명확한 문장으로 써요.**

- 길벗초등학교 4학년 3반 학생들이 연말을 맞아 근처 양로원
을 방문해 뜻깊은 시간을 보냈다.

> 읽는 사람의
> 이해를 돕기 위해
> 그림이나 사진 등을
> 이용해도 좋아.

 **주의할 점은 무엇인가요?**

- 기삿거리를 정할 때에는 읽는 사람이 관심을 가질 만한 내용, 알릴 만한 가치가 있는 내용, 요즈음에 일어난 일에 대하여 씁니다.
- 정확한 자료를 바탕으로 하여 사실대로 씁니다.

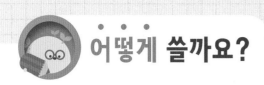

## 어떻게 쓸까요?

기사문을
쓰는 과정
알기

**1** 기사문을 쓸 때 가장 먼저 해야 할 일로 알맞은 것의 기호를 쓰세요.

> ㉮ 기사문 고쳐쓰기       ㉯ 기삿거리 정하기
>
> ㉰ 기사문 작성하기       ㉱ 관련 자료나 사진 찾기

(          )

기삿거리를
정하기

**2** 기삿거리로 알맞은 것을 두 가지 찾아 ○표 하세요.

(1) 오래전에 일어난 일 (      )

(2) 알릴 만한 가치가 있는 일 (      )

(3) 읽는 사람이 관심을 가질 만한 일 (      )

(4) 모두가 잘 알지 못하는 개인적인 일 (      )

**3** 민준이가 쓰려고 하는 기삿거리가 무엇인지 쓰세요.

> 지난주에 경주로
> 수학여행 다녀온 걸
> 기사로 써 봐야겠어!

민준

(                  )

**4** 기사문의 제목을 쓰는 방법을 바르게 말한 친구의 이름을 쓰세요.

그림 자료의
제목을 그대로
쓰면 돼.

선영

흥미를 끌기 위해
길고 재미있게
쓰면 돼.

진우

기사의 내용이
한눈에 들어오도록
써야 해.

현서

(                    )

**5** 다음 기사에 어울리는 제목으로 알맞은 것에 ○표 하세요.

　새소리 중창단이 20○○년 5월 8일 오전 10시에 한마음 예술 회관에서 공연을 하였다. 이 공연은 어버이날을 맞이하여 이웃 어르신들께 감사하는 마음과 기쁨을 전하기 위하여 추진되었다.
　"어버이날을 맞아 어르신들께 감사하는 마음을 전하고자 이번 행사를 준비했습니다."라는 사회자의 말을 시작으로 공연의 막이 열렸다. 이날 새소리 중창단은 '어버이 은혜', '어머님의 마음' 등의 노래를 합창하며 감동을 이끌어 냈다.

(1) 어버이날에 추진된 공연 (            )

(2) 올해도 어김없이 공연한 새소리 중창단 (            )

(3) 새소리 중창단, 어버이날 맞아 한마음 예술 회관에서 공연

(            )

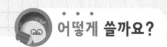
**기사문 쓰기**

**6** 다음 기사문을 읽고 육하원칙에 맞게 빈칸에 정리하여 쓰세요.

---

### 우리초등학교, 1박 2일 동안 캠프 진행
마음의 벽을 허물며 서로를 이해하고 배려하는 시간 가져

---

지난 10월 6일부터 7일까지, 우리초등학교 대강당에서 학생, 학부모, 교사 50명이 함께 하루를 보내며 '마음의 벽 허물기'를 위한 캠프가 진행되었다. 이 캠프는 1박 2일 동안 함께 시간을 보내며 서로를 이해하고 배려하는 시간을 가지자는 데 의의가 있다.

첫째 날에는 '역할극 놀이'를 하여 서로의 입장을 알아보는 시간을 가졌고, 둘째 날에는 '대화합 한마당 잔치'를 하며 참여한 사람들 모두가 한마음이 되는 소중한 기회를 가졌다.

---

| 누가 | (1) |
|---|---|
| 언제 | (2) |
| 어디에서 | (3) |
| 무엇을 | (4) |
| 어떻게 | (5) |
| 왜 | (6) |

**7** 다음 문장에서 밑줄 친 부분은 육하원칙 중 무엇에 속하는지 각각 쓰세요.

(1) 20○○년 5월 3일, ○○초등학교 4학년 2반에 <u>김경진 학생이</u> 전학을 왔다.  (         )

(2) 금요일에 어린이날을 맞이하여 ○○대학교 봉사 동아리 학생들이 ○○ 아동병원에 방문하여 <u>봉사 활동을</u> 하였다.  (         )

(3) 태풍 '노루'가 <u>한반도에</u> 상륙하면서 강풍과 폭우 피해가 잇따르고 있습니다.  (         )

**8** 다음 기사에서 삭제해야 하는 부분을 찾아 밑줄을 그으세요.

### 농작물을 초토화시킨 '한밤의 멧돼지 습격'
#### 고구마밭이 쑥대밭으로 변해

30일 오후 강원도 ○○군 일대 고구마밭이 쑥대밭으로 변했다. 고구마 냄새를 맡은 멧돼지들이 인근 야산에서 내려와 밭을 파헤치고 닥치는 대로 고구마를 먹어 치워 밤사이에 고구마밭이 초토화되었다. 고구마밭 옆에 있는 옥수수밭, 사과밭도 일부 피해를 입었다. 고구마밭 주인인 김 씨(77)는 정성스럽게 가꿔 온 고구마밭이 하룻밤 사이에 쑥대밭으로 변한 것을 바라보며 올해 농사는 접어야겠다고 말했다. 고구마는 10월 초쯤 수확을 하기 시작하여 서리가 내리기 전에는 마쳐야 한다.

기사문으로 쓰고 싶은
일을 떠올려 보세요

**1** 기사로 쓸 사건 또는 대상을 떠올려 보세요.

기사문을 쓰기 전 육하
원칙에 맞게 정리해
보세요

**2** **1**에서 답한 내용을 정리하거나 조사하여 육하원칙에 맞게 빈칸에 쓰세요.

| | |
|---|---|
| 누가 | |
| 언제 | |
| 어디에서 | |
| 무엇을 | |
| 어떻게 | |
| 왜 | |

기사문의 내용과 어울
리는 제목을 정해 보
세요

**3** **2**에서 정리한 내용을 바탕으로 하여 기사문의 제목을 정해 보세요.

**4** **1**~**3** 에서 정리한 내용을 바탕으로 하여 육하원칙이 잘 드러나게 기사문을 쓰세요.

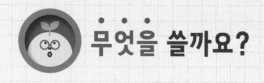

# 무엇을 쓸까요?

**연설문**     여러 사람 앞에서 자신의 주장이나 의견을 말하기 위하여 쓴 글입니다.

**어떤 내용이 들어가나요?**

• 문제 상황과 주장
• 적절한 근거

정치인 등의 연설뿐만 아니라 교장 선생님의 훈화, 행사의 축사, 학급 임원 선거 공약 발표 등도 모두 연설에 속해.

---

### 욕을 하지 말자

어떤 과학자가 실험을 했다고 합니다. 물병 두 개에 똑같은 물을 담고, 똑같은 꽃을 넣었습니다. 그러고는 매일 시간이 날 때마다 한쪽 병에 담긴 꽃에게는 욕을 하고, 다른 병의 꽃에게는 고운 말을 하였습니다. 그 결과는 어땠을까요? 욕을 들은 꽃은 시름시름 약해졌고, 고운 말을 들은 꽃은 무럭무럭 자라났다고 합니다.

여러분! 이 실험이 꼭 식물에게만 해당되는 이야기는 아니라고 생각합니다. <u>요즈음 친구와 대화할 때 욕을 섞어 말하는 학생들이 많습니다.</u> **문제 상황** <u>욕을 하지 맙시다.</u> 왜냐하면 듣는 사람의 **주장** 기분을 상하게 할 수 있기 때문입니다. <u>그렇게 되면 그 사람 **근거①** 과 다툼이 일어날 수 있고, 사이도 나빠질 것입니다.</u> 또한 아름다운 우리말을 파괴하는 행동이기 때문입니다. <u>욕을 하게 **근거②** 되면 고운 우리말을 점점 쓰지 않게 되고 결국 우리말이 훼손될 것입니다.</u>

말은 그 사람을 나타내 주는 도구입니다. 고운 말을 사용하면 말을 하는 사람과 듣는 사람의 마음 모두 아름다워질 것입니다. 우리 모두 '고운 말'이라는 예쁜 옷을 입는 사람이 되어야겠습니다.

**어떻게 쓰나요?**

- 처음 부분에는 듣는 사람의 관심을 끄는 말을 씁니다.
- 여러 사람 앞에서 말하기 위한 것이므로 높임말로 씁니다.
- 주장이나 의견과, 적절한 근거가 잘 드러나게 씁니다.
- 듣는 사람이 이해하기 쉽게 문장이나 낱말을 여러 번 반복하여 써도 좋습니다.
- 끝부분에는 듣는 사람의 변화를 이끌어 내기 위하여 희망적인 마무리를 합니다.

**❶ 높임말로 써요.**

- 안녕하세요? 이번 학급 회장 선거에 출마한 ○○○입니다.
- 학생들의 부주의로 학교 안전사고가 종종 일어납니다.

**❷ 듣는 사람이 이해하기 쉽게 문장이나 낱말을 반복하여 써요.**

- 학교 안전사고를 예방하려면 안전 교육! 안전 교육을 실시해야 합니다. 안전 교육은 우리에게 안전에 대해 관심을 갖게 합니다.

**❸ 희망적인 마무리를 해요.**

- 여러분의 실천과 관심 하나하나가 안전사고를 예방하는 지름길이 될 수 있습니다.

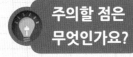 **주의할 점은 무엇인가요?**

- 듣는 사람의 특징과 연설 시간을 생각하여 써야 합니다.
- 가치 있고 중요하며 실천할 수 있는 주장을 말해야 합니다.

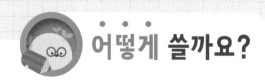

## 어떻게 쓸까요?

처음 부분 쓰기

**1** 연설문의 처음 부분에 들어갈 내용을 바르게 말한 친구의 이름을 쓰세요.

듣는 사람의 관심을 끄는 말을 써.

진주

희망적으로 마무리하는 말을 써.

동훈

자신의 주장을 강조하는 말을 써.

재영

(            )

**2** 다음은 김구 선생이 쓴 『나의 소원』이라는 연설문의 처음 부분입니다. 글을 읽고 빈칸에 알맞은 말을 차례대로 쓰세요.

> "네 소원이 무엇이냐?" 하고 하느님이 물으시면, 나는 서슴지 않고 "내 소원은 대한 독립이오." 하고 대답할 것입니다. "그다음 소원은 무엇이냐?" 하면 나는 또 "우리나라의 독립이오." 할 것이요, 또 "그다음 소원이 무엇이냐?" 하는 세 번째 물음에도 나는 더욱 소리를 높여서 "나의 소원은 우리나라 대한의 완전한 자주독립이오." 하고 대답할 것입니다.

하느님에게 자신의 세 가지 ⬚ 에 대해 말하는 것으로 시작하여 듣는 사람의 ⬚ 을/를 끌고 있어.

**3** 다음 중 연설문의 처음 부분에 들어갈 내용으로 알맞은 것의 기호를 쓰세요.

> ㉮ 우리나라 사람들 모두 통일에 대한 꿈을 꾼다면 반드시 이루어질 것이라고 생각합니다.
>
> ㉯ 탁구나 축구와 같은 운동 경기를 할 때 남과 북이 단일팀을 구성하여 국제 대회에서 좋은 성적을 거둔 적이 있습니다. 이것은 통일로 나아가는 첫걸음이라고 생각합니다.

(        )

**4** 민준이가 연설문의 처음 부분을 썼습니다. 더 잘 쓴 연설문을 찾아 기호를 쓰세요.

> ㉮ 저는 어린이 회장 후보 이민준입니다. 저를 뽑아 주십시오! 열심히 하겠습니다. 저보다 열심히 할 사람은 없습니다!
>
> ㉯ 여기 새 실내화와 헌 실내화가 있습니다. 저는 이 새 실내화가 헌 실내화가 될 때까지 여러분을 위해 뛰어다닐 어린이 회장 후보 이민준입니다!

(        )

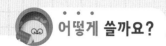 

주장이나
의견, 근거
쓰기

**5** 연설문 『나의 소원』의 가운데 부분을 읽고 물음에 답하세요.

> 나 김구의 소원은 이것 하나밖에는 없습니다. 내 과거의 칠십 평생을 이 소원을 위하여 살아왔고, 현재에도 이 소원 때문에 살고 있고, 미래에도 나는 이 소원을 이루려고 살 것입니다. 나는 일찍이 우리 독립 정부의 문지기가 되기를 원했거니와, 그것은 우리나라가 독립국만 되면 나는 그 나라의 가장 미천한 자가 되어도 좋다는 뜻입니다. (중략)
>
> 옛날, 일본에 갔던 박제상이 "내 차라리 계림(신라)의 개, 돼지가 될지언정 왜왕의 신하로 부귀를 누리지 않겠다."라고 한 것이 그의 진정이었던 것을 나는 압니다. 박제상은 왜왕이 높은 벼슬과 많은 재물을 준다는 것도 물리치고 달게 죽음을 받았으니, 그것은 '차라리 내 나라의 귀신이 되리라.'라는 생각에서였습니다.

(1) 김구 선생이 주장하는 내용은 무엇인가요? (          )

　① 박제상을 본받자.

　② 각자의 소원을 위해 살자.

　③ 대한민국의 완전한 자주독립을 이루자.


(2) 이 연설문을 읽고 바르게 말한 친구는 누구누구인지 쓰세요.

> 현석: 친근한 느낌이 들도록 반말로 고치는 것이 좋아.
>
> 태경: 박제상의 이야기를 예로 들며 주장을 뒷받침하고 있어.
>
> 수민: 듣는 사람이 이해하기 쉽게 과거, 현재, 미래와 연결하여 소원에 대해 반복적으로 이야기하고 있어.

(                              )

**6** 다음은 전교 어린이 회장 선거에 나간 민준이가 연설한 내용입니다. 빈칸에 들어갈 근거로 알맞은 것에 ○표 하세요.

한 학기에 한 번만 가는 현장체험 학습을 친구들이 좋아하는 장소로 매달 가도록 하겠습니다.

(1) 선생님들께 휴식을 줄 수 있습니다. (　　　)

(2) 학교를 깨끗하게 유지할 수 있습니다. (　　　)

(3) 친구들이 즐겁고 행복하게 학교생활을 할 수 있습니다. (　　　)

끝부분 쓰기

**7** 다음 빈칸에 들어갈 알맞은 말은 무엇인가요? (　　　)

수지야, 연설문의 끝을 어떻게 마무리하면 좋을까?

민준

수지

① 새로운 공약을 몇 개 더 말하며 마무리해.

② 네가 얼마나 친구 관계가 좋은지 강조해 봐.

③ 네가 얼마나 공부를 잘하는지 성적에 대해 이야기해.

④ 듣는 친구들이 너를 뽑을 수 있도록 희망적인 내용으로 마무리해 봐.

## 이렇게 써 봐요!

• • •

우리 주변에서 일어
나는 문제 상황을 떠
올려 보세요.

**1** 우리 주변에서 일어나는 일 중 해결하고 싶은 문제 상황을 한 가지 쓰세요.

• • •

주장은 가치 있고 중
요하고 실천할 수 있
는 것이어야 해요.

**2** **1**에서 답한 내용 중 하나를 골라 문제 상황을 해결할 수 있는 주장을 쓰세요.

• • •

연설문의 '처음-가운
데-끝' 부분에 들어갈
내용을 정리해 보세요.

**3** **2**에서 답한 내용을 바탕으로 하여 연설문을 쓰기 위한 계획을 세워 빈칸에 알맞게 쓰세요.

| 처음 | |
|---|---|
| 문제 상황 제시 | |

| 가운데 | |
|---|---|
| 주장과 근거 제시 | |

| 끝 | |
|---|---|
| 희망적으로 마무리하기 | |

**4** **3**에서 정리한 내용을 바탕으로 하여 연설문을 쓰세요.

제목: _____

_____

_____

_____

_____

_____

_____

_____

_____

_____

_____

_____

_____

_____

**글**

1주 『헬로! 두떡 마켓』 김이플 글 | 씨즐북스 | 2016년

3주 『어린이가 어린이를 돕는다』 김이경 글 | 길벗스쿨 | 2012년

**사진**

69쪽 「살색 크레파스」 한국방송광고진흥공사

94쪽 「논갈이」, 「길쌈」, 「대장간」 국립중앙박물관

　　　　「반상도」 북한평양조선미술관

▶ 위에 제시되지 않은 사진이나 이미지는 사용료를 지불하고 셔터스톡 코리아에서 대여했음을 밝힙니다.

▶ 길벗스쿨은 이 책에 실린 모든 글과 사진의 출처를 찾기 위해 최선의 노력을 기울였습니다.
　저작권자를 찾지 못해 허락을 받지 못한 글과 사진은 저작권자가 확인되는 대로 통상의 사용료를 지불하겠습니다.

**앗!**
본책의 가이드북을 분실하셨나요?
길벗스쿨 홈페이지에 들어오시면
내려받으실 수 있습니다.

# 기적의
# 독서 논술

## 가이드북

**8**권

## 읽기 전 생각 열기

**1** 남한과 북한의 음식에는 어떤 것들이 있는지 떠올려 보고 아는 대로 쓰세요.

남한의 음식

✍ 예. 김치, 비빔밥, 불고기, 갈비, 삼계탕, 된장찌개, 청국장

북한의 음식

✍ 예. 냉면(평양냉면, 함흥냉면), 평양 온반, 만두, 감자전, 녹두지짐, 보쌈김치, 오리국수, 가자미식해, 명태 순대

 직접 먹어 보지는 못했더라도 책이나 텔레비전에서 보거나 들은 북한 음식에는 어떤 것이 있나 생각해 봐.

**2** 다음 가게 이름을 보고 무엇을 파는 곳일지 생각하여 쓰세요.

 예. 두부로 만든 떡을 파는 곳일 것 같다. / 두부와 떡을 파는 곳일 것 같다.

**3** 다음 음식을 가리키는 북한말을 보기 에서 찾아 빈칸에 쓰세요.

보기 단묵 곽밥 기름밥 가락지빵 닭알말이 단얼음 고기겹빵 물고기떡 꼬부랑국수

 어묵 – 물고기떡

 도넛 – 가락지빵

 볶음밥 – 기름밥

 햄버거 – 고기겹빵

 달걀말이 – 닭알말이

 라면 – 꼬부랑국수

**해설**

**1** 남북한 음식은 지형적 차이로 서로 다르게 발달했습니다. 북한 음식은 남한 음식에 비해 대체로 맵지 않고 산뜻합니다.

**2** 가게 이름에 쓰인 여러 낱말의 뜻을 다양하게 생각해 봅니다.

**3** 주어진 음식을 북한에서는 어떻게 부르는지 알아보고, 남북한 언어를 비교해 봅니다. '단묵'은 '젤리', '곽밥'은 '도시락', '단얼음'은 '빙수'를 가리키는 북한어입니다.

## 읽기 전 낱말 탐구

**1** 다음 문장에서 밑줄 친 부분과 바꾸어 쓸 수 있는 낱말을 보기 에서 찾아 쓰세요.

보기 흥분 도전 부정적 개시

 아, 드디어 금메달이야! 육상 대회에서 금메달을 딴 선수는 감정이 북받쳐 일어나는 것을 감추지 못했다. → 흥분

첫 손님이니까 하나 더 드릴게요. 과일 가게 아저씨께서 가게 문을 연 뒤 처음으로 이루어지는 거래라며 사과를 한 개 더 얹어 주셨다. → 개시

 난 등산보다 수영을 하는 게 좋아. 누나는 우리 가족이 일요일마다 등산을 하는 것에 대해 옳지 않다고 반대하는 태도를 보였다. → 부정적

탐험가들은 히말라야 꼭대기에 오르기 위해 끝없이 어려운 일이나 더 나은 기록 따위에 맞서는 일을 하였다. → 도전

**2** 다음 문장에 어울리는 낱말을 골라 ○표 하세요.

도로에서 일어난 자동차 교통사고의 임무 (책임) 을/를 한쪽 운전자에게만 지우는 것은 옳지 않다.

학교 앞 선물 가게에는 여자아이들이 갖고 싶어 하는 예쁜 인형들이 (진열) 발열 되어 있다.

할머니께서는 여러 재료가 들어간 (특제) 특징 양념에 갈비를 재우셨다.

어머니께서는 어린 나이에 혼자 취향 (타향) 으로 떠난 아들이 걱정되어 잠을 이루지 못하셨다.

강원도 출산 (출신) 인 할머니께서는 할아버지와 결혼하면서 서울로 오셨다.

선생님께서는 모든 학생들이 이해할 수 있게 그 물체에 대해 자세히 (설명) 설립 을 해 주셨다.

**낱말 탐구**

✦ **책임:** 맡아서 해야 할 임무나 의무.

✦ **진열:** 여러 사람에게 보일 목적으로 물건을 죽 벌여 놓음.

✦ **발열:** 열이 남. 또는 열을 냄.

✦ **특제:** 특별하거나 특수하게 만듦. 또는 그런 제품.

✦ **타향:** 자기 고향이 아닌 고장.

✦ **출산:** 아이를 낳음.

✦ **출신:** 태어날 당시의 지역.

✦ **설명:** 어떤 일이나 대상의 내용을 상대편이 잘 알 수 있도록 밝혀 말함.

**한줄톡!**  ❶ 두부밥  ❷ 북한 음식  ❸ 헬로, 두떡 마켓  **한줄톡!**  ❹ 토장 떡볶이  ❺ 고향  ❻ 엄마

**25쪽**

**내용 확인**  ❶ ③  ❷ (1) ○  ❸ 두부밥, 토장 떡볶이  ❹ ㉮, ㉰

**31쪽**

**내용 확인**  ❶ 두부밥  ❷ ②  ❸ (2) ○  ❹ ①, ②

❶ 태린이는 리애 언니가 만들어 준 간식을 먹으면서 다시 장사를 해 보면 어떻겠냐고 하였습니다.

❷ 시장에서 다시 장사를 해 보자는 리원이의 말을 듣고 리애 언니는 이미 한 번 실패를 해서 두렵고 자신이 없다고 말했습니다.

❸ 토장 떡볶이와 두부밥으로 다시 장사를 해 보면 어떻겠냐는 태린이의 말을 듣고 리원이와 리애 언니는 다시 장사를 하기로 결심했습니다.

❹ '두떡'은 북한의 대표 길거리 음식 두부밥과 한국의 대표 길거리 음식 떡볶이의 앞 한 글자를 따서 지은 이름입니다. 그리고 시장에 외국인들도 많이 오니까 '헬로, 두떡 마켓'으로 하자고 하였습니다.

❶ 리원이와 리애 언니는 북한에서 엄마가 팔았던 두부밥을 이곳 남한 사람들에게 만들어 파는 장사를 다시 시작했습니다.

❷ 시장에 온 사람들은 북한 음식에 대해 궁금해하고 호기심을 느꼈고 그 결과 첫 개시치고는 성공이었습니다.

❸ 시장에서 만난 아주머니들은 리원이와 리애 언니가 타향에 와서 고생한다며 걱정하셨지만, 리원이는 지금 살고 있는 남한을 타향이라고 생각하지 않았습니다.

❹ 리원이는 잠든 언니를 바라보며 열심히 장사를 하면 자신들만의 두떡 마켓이 생길 것이라고 기대하는 한편, 엄마에 대한 그리움으로 눈물을 흘렸습니다.

**1** 『헬로! 두떡 마켓』에서 이야기의 흐름에 따라 일어난 일을 정리하여 빈칸에 알맞은 말을 쓰세요.

① 태린이는 리원이네 집에서 리애 언니가 만들어 준 **두부밥** 과/와 토장 떡볶이를 먹었다.

② 태린이는 리원이와 리애 언니에게 토장 떡볶이랑 두부밥으로 다시 **장사** 을/를 해 보는 것이 어떻겠냐고 물었다.

③ 태린이의 말을 듣고 나서 리원이가 예 **시장에서 다시 장사를 시작해 보는 것** 은/는 어떠냐고 리애 언니에게 말했다.

④ 고민 끝에 리원이와 리애 언니는 다시 장사에 도전하기로 결심했고, 분홍 기차 이름을 '헬로, **두떡 마켓** '(이)라고 정했다.

⑤ 다시 장사를 시작하는 날, 두부밥을 진열하고, **토장** 과/와 고추장을 섞어 만든 특제 양념으로 떡볶이를 만들었다.

⑥ 리원이는 두부밥과 토장 떡볶이를 라시드 아저씨에게 제일 먼저 드렸고, 라시드 아저씨는 장사 잘하라며 응원해 주셨다.

이게 북한 음식이에요?

⑦ 사람들은 북한 음식이라는 말에 호기심을 느끼는 것 같았고, 장사도 첫 개시치고는 예 **성공이었다**

⑨ 집으로 돌아온 후, 리원이는 잠든 언니를 바라보며 예 **자신들만의 두떡 마켓** 을/를 갖는 희망을 품었고, 그리운 엄마를 떠올리며 눈물을 흘렸다.

**1** 리원이와 리애 언니가 처음에 열었던 가게는 장사가 잘 안됐습니다. 장사가 안된 까닭을 생각하여 쓰세요.

처음에 장사가 안된 까닭은

**예** 북한식 된장을 넣은 토장 떡볶이가 사람들 입에 맞지 않을까 봐 한국에서 파는 보통 떡볶이처럼 만들었기 때문이야. / 자신들만의 특색 있는 메뉴를 생각하지 않고 너무 평범한 메뉴로 장사를 했기 때문이야.

**2** 만약 북한에 계신 엄마가 남한에서 장사를 하는 리원이와 리애 언니의 모습을 보신다면 어떤 말씀을 하실지 쓰세요.

**예** "남한에서 씩씩하게 살아가는 너희들 모습이 무척 대견하구나. 엄마도 너희가 무척 보고 싶단다." / "내가 만들어 팔던 두부밥으로 남한에서 장사를 할 생각을 하다니 정말 기특하구나. 함께 만날 날을 꿈꾸며 열심히 생활하자!"

**3** 리원이의 친구 태린이가 되어 '헬로, 두떡 마켓'을 광고하는 글을 쓰세요.

**예** ○○ 시장의 새 명물, 소문난 맛집! '헬로, 두떡 마켓'으로 오세요! 매콤한 두부밥과 먹을수록 끌리는 토장 떡볶이! 절대 미각인 제가 그 맛을 보장합니다! 맛도 대박, 행복도 대박!

**4** 리원이와 리애 언니가 시장에서 '헬로, 두떡 마켓'을 다시 시작한 것에 대해 어떻게 생각하는지 내 생각을 쓰세요.

**내 생각**

'헬로, 두떡 마켓'을 다시 시작한 것은 잘한, 잘못한  일이라고 생각한다.

**그렇게 생각하는 까닭**

**예** 리원이와 리애 언니가 다시 자신감을 찾을 수 있는 기회가 되었기 때문이다. / 리애 언니가 일할 곳이 생겨 돈을 벌 수 있게 되었기 때문이다. / 사람들에게 북한 음식을 알려 리원이와 리애 언니의 기분도 좋았을 거라고 생각하기 때문이다.

**5** 리원이와 리애 언니처럼 북한에 있는 사람들이 남한으로 오는 까닭은 무엇이겠는지 쓰세요.

**예** • 경제 상황이 좋지 않아서 굶주리고 생활하기가 어려워졌기 때문이다.
• 자유가 보장되지 않아서 개인의 능력을 펼치기 어렵기 때문이다.

**6** 지금은 비록 남과 북으로 갈라져서 자유롭게 오고갈 수 없지만, 우리가 같은 민족임을 알 수 있게 해 주는 것에는 무엇이 있는지 생각하여 쓰세요.

**예** • 한반도와 그 주변 지역에서 살아오면서 같은 역사를 가지고 있다.
• 같은 말과 글(한글)을 사용하고 있다.
• 설이나 추석과 같은 명절을 지내고 풍습이 비슷하다.
• 뿌리가 같은 민족으로 올림픽과 같은 국제 경기에서 서로를 응원한다.

일정한 지역에서 오랜 세월 공동생활을 하면서 같은 언어와 문화를 바탕으로 이루어진 집단을 '민족'이라고 해.

**7** 남한과 북한이 통일을 이루면 어떤 점이 달라질 생각해 보고, 통일을 위해 우리가 할 수 있는 일에는 무엇이 있는지 쓰세요.

**통일이 되면 달라지는 점**

**예** • 일자리가 늘어나고, 북한의 지하자원과 남한의 기술이 만나 경제가 발전할 수 있다.
• 각종 스포츠와 예술, 영화, 관광 따위의 산업이 발전할 수 있다.
• 휴전선이 사라지게 되므로 군인들의 수와 무기를 구입하는 비용이 줄어들 수 있다.

우리가 할 수 있는 작은 일들도 통일을 앞당길 수 있어!

**통일을 위해 우리가 할 수 있는 일**

**예** • 북한 주민들도 우리와 같은 민족임을 잊지 않는다.
• 북한 소식에 대해 관심을 기울이고, 북한에 대한 편견을 버려야 한다.
• 북한에서 온 주민들을 따뜻한 마음으로 대한다.

**해설**

**1** 리애 언니가 처음에 열었던 가게에서는 토장 떡볶이가 아닌 한국에서 파는 보통 떡볶이를 팔았습니다.

**2** 북한에 계신 엄마가 남한에서 열심히 살아가는 두 딸에게 어떤 말씀을 하실지 짐작하여 써 봅니다.

**3** 사람들이 '헬로, 두떡 마켓'을 찾아올 수 있도록 그곳에서 파는 음식을 널리 알리는 글을 써 봅니다.

**4** 리원이와 리애 언니가 시장에서 다시 장사를 시작한 일에 대한 생각과 그 까닭이 잘 드러나게 써 봅니다.

**5** 경제 상황이 좋지 않아서 아직도 굶주리는 사람이 많고, 개인의 자유가 보장되지 않기 때문에 북한을 떠나 남한으로 오는 사람들이 있습니다.

**6** 남한과 북한은 한반도에서 반만 년 동안이나 함께 살아온 한 민족으로, 같은 언어를 사용할 뿐만 아니라 비슷한 전통과 풍습을 지켜 왔습니다.

**7** 남한과 북한이 통일을 이루기 위해서 가장 중요한 것은 서로를 따뜻하게 바라보고 이해하려는 마음을 갖는 것입니다.

## 읽기 전 생각 열기

**1** 사람들은 보기와 같은 제품이나 서비스를 이용하여 어떤 활동을 하는지 쓰세요.

보기

▲ 태블릿 PC　▲ USB(이동식 기억 장치)

▲ 유튜브(동영상 공유 서비스)　▲ 전자책

숙제를 할 때 무엇을 이용하는지, 여러 정보를 어떤 방법으로 얻는지 떠올려 봐.

✎ 예 • 태블릿 PC로 인터넷을 연결해 정보를 얻거나 메일을 주고받는다.
• 이동식 기억 장치를 통해 많은 양의 파일을 손쉽게 옮기거나 저장한다.
• 유튜브를 통해 전 세계 사람들이 올려놓은 동영상을 공유하며 시청한다.
• 전자책을 이용해 유명한 작가의 동화책이나 새로 나온 여러 종류의 책을 읽는다.

**2** 우리 생활에서 다음 물건이 사라진다면 어떤 점이 불편할지 생각하여 쓰세요.

▲ 컴퓨터

예 • 인터넷을 할 수 없어서 다양한 정보를 쉽고 빠르게 얻을 수 없을 것이다.
• 숙제를 할 때 정보를 찾기 힘들고, 일일이 손으로 써야 하는 불편함이 생길 것이다.
• 컴퓨터 게임을 할 수 없어서 무척 심심할 것이다.

▲ 스마트폰

예 • 급한 일이 생겼을 때 곧바로 연락할 수 없어서 무척 곤란할 것이다.
• 태블릿 PC, 카메라, 책 등을 따로따로 가지고 다녀야 해서 짐이 늘어날 것이다.
• 신문이나 뉴스 등을 바로바로 볼 수 없어서 새로운 정보를 얻는 데 시간이 걸릴 것이다.
• 웹툰이나 게임 등 개인 취미 생활을 즐길 수 있는 수단이 사라질 것이다.

우리 생활에 컴퓨터나 스마트폰이 없다면 어떨지 상상해 봐.

### 해설

**1** 태블릿 PC, USB, 유튜브, 전자책으로 할 수 있는 일을 바르게 썼으면 정답으로 합니다. 새로운 기술을 이용한 제품이나 서비스가 개발됨으로써 전 세계 사람들이 쉽게 정보를 주고받고 지식을 얻는 등 생활이 무척 편리해졌습니다.

**2** 오늘날 많은 사람들이 사용하는 컴퓨터와 스마트폰이 사라진다면 어떤 점이 불편할지, 또 우리 생활이 어떻게 달라질지 생각해 봅니다.

## 읽기 전 낱말 탐구

**1** 다음 밑줄 친 낱말의 뜻을 짐작해 보고 보기에서 비슷한 뜻을 가진 낱말을 찾아 빈칸에 쓰세요.

보기　서체　역할　신념　감명　처지　글귀

어려운 이웃을 돌보는 사람의 삶은 우리에게 감동을 준다. → **감명**

**서체** ← 아버지께서는 글씨체가 매우 독특하시기 때문에 직접 쓰신 글인지 금방 알아볼 수 있다.

집세가 세 달이나 밀려서 쫓겨날 형편이었다. → **처지**

**신념** ← 우리 선수단은 어떤 팀과 싸워도 반드시 이길 수 있다는 믿음을 가지고 있다.

책을 읽다가 마음에 드는 문구가 있어서 공책에 적어 놓았다. → **글귀**

**역할** ← 우리 반 친구들은 각자 맡은 바 임무를 다하여 이번 체육 대회를 준비하였다.

**2** 낱말의 뜻을 살펴보고, 문장에 어울리는 낱말을 골라 ○표 하세요.

그는 어릴 적에 미국으로 입수 **입양** 이/가 되었다.

법적인 절차를 거쳐 자신을 낳지 않은 사람의 자식으로 들어감. 또는 자식으로 들임.

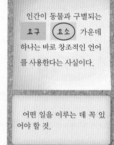

인간이 동물과 구별되는 요구 **요소** 가운데 하나는 바로 창조적인 언어를 사용한다는 사실이다.

어떤 일을 이루는 데 꼭 있어야 할 것.

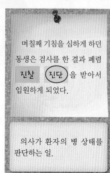

며칠째 기침을 심하게 하던 동생은 검사를 한 결과 폐렴 진찰 **진단** 을 받아서 입원하게 되었다.

의사가 환자의 병 상태를 판단하는 일.

준하는 어머니의 어두운 표정을 보고 무슨 일이 일어났는지 호감 **직감** 으로 알아차렸다.

어떤 것을 보자마자 곧바로 느껴서 아는 것.

### 낱말 탐구

✦ **감명**: 감격하여 마음에 깊이 새김. 또는 그 새겨진 느낌.
✦ **처지**: 처하여 있는 사정이나 형편.
✦ **신념**: 굳게 믿는 마음.
✦ **입수**: 손에 들어옴. 또는 손에 넣음.
✦ **요구**: 받아야 할 것을 필요에 의하여 달라고 청함. 또는 그 청.
✦ **진찰**: 의사가 여러 가지 방법으로 환자의 병이나 증상을 살핌.
✦ **호감**: 좋게 여기는 감정.

**한줄톡!** ❶ 미래   ❷ 미래   ❸ 목표

**한줄톡!** ❹ 좋아하는 일   ❺ 시간   ❻ 도전

┌─ 51쪽 ─┐

**내용 확인** ❶ 스티브 잡스   ❷ ①   ❸ (2) ○
❹ ②

┌─ 57쪽 ─┐

**내용 확인** ❶ 「토이 스토리」   ❷ 채연   ❸ ①, ②
❹ (2) ○

❶ 이 글은 2005년에 스티브 잡스가 스탠퍼드대학교 졸업식에서 연설한 내용입니다.

❷ 스티브 잡스는 대학 생활이 가치 없게 느껴졌을 뿐만 아니라 자신이 무엇을 하고 싶은지, 또 대학 교육이 자신에게 얼마나 도움이 될지 알 수 없어서 리드대학교를 그만두기로 결심했습니다.

❸ 스티브 잡스는 리드대학교에서 몰래 서체 수업을 들은 경험을 바탕으로 하여 다양하고 뛰어난 서체 기능을 가진 매킨토시 컴퓨터를 만들었습니다.

❹ 스티브 잡스는 자신이 세운 애플이라는 회사에서 나와야만 했을 때 목표를 잃어버렸고 아주 쓰라린 아픔을 겪었다고 하였습니다.

❶ 스티브 잡스는 픽사를 세우고 세계 최초의 3D 애니메이션 영화 「토이 스토리」를 개발하여 큰 성공을 거두었습니다.

❷ 스티브 잡스는 애플에서 물러나는 절망적인 일을 겪었지만 자신의 신념을 잃지 않고 일에 매달린 결과 넥스트와 픽사라는 회사를 세웠고, 마침내 다시 애플로 돌아올 수 있었습니다. 이에 대한 생각이나 느낌을 바르게 말한 친구는 채연이입니다.

❸ 스티브 잡스는 '내가 곧 죽는다.'라는 생각을 하면 다른 사람들의 기대, 자존심, 실수나 실패에 대한 두려움은 모두 떨어져 나가고 중요한 것들만 남는다고 하였습니다. 그리고 죽음은 삶을 변화시킨다고 하였습니다.

❹ 스티브 잡스는 연설의 끝부분에서 학생들에게 "간절하게 원하고 끊임없이 도전하라."고 말했습니다.

---

👀 읽은 후 생각 정리 58~59쪽

❶ 다음은 『2005 스탠퍼드대학교 졸업식 연설문』의 내용을 정리한 것입니다. 빈칸에 알맞은 말을 쓰세요.

**처음 부분**

① 세계 최고의 명문 스탠퍼드대학교의 졸업식에 참석하게 된 것을 영광으로 생각합니다.
오늘 저는 여러분께 제가 살아오면서 겪었던 **세 가지 이야기** 을/를 해 보려고 합니다.

**가운데 부분**

② 첫 번째 이야기는 제가 경험해 온 것들이 결국 제 미래를 만든다는 것입니다.
만약 제가 대학을 그만두지 않았다면 서체 수업을 듣지 못했을 것이고, 제가 만든 매킨토시 컴퓨터에는 뛰어난 **서체** 기능이 없었을 것입니다.
여러분은 현재가 미래와 어떻게든 연결된다는 것을 알아야 하고 믿음을 가져야 합니다. 왜냐하면 이러한 믿음이 여러분에게 **자신감** 을/를 심어 줄 것이기 때문입니다.

③ 두 번째 이야기는 자신이 하는 일의 **사랑과 실패** 에 대한 것입니다.
저는 서른 살에 애플에서 물러난 뒤 목표를 잃어버렸고 쓰라린 아픔을 겪었지만 여전히 **일에 대한 사랑** 은/는 식지 않았습니다. 다시 시작하는 마음으로 일에 매달려 넥스트와 픽사를 세워서 큰 성공을 거두었고 **예 애플**로 다시 돌아왔습니다.
여러분도 좋아하는 일을 찾아 그 일을 하는 것에서만 진정한 만족을 얻게 될 것입니다.

④ 세 번째 이야기는 **죽음** 에 대한 것입니다.
곧 죽는다는 생각은 인생에서 중대한 결정을 내릴 때마다 큰 도움이 됩니다. 죽음이 있기 때문에 낡은 것은 새로운 것에게 자리를 내어 주고 삶을 변화시킵니다.
시간을 낭비하지 말고 여러분이 **진정으로 원하는 것** 을/를 놓치지 말아야 합니다. 가장 중요한 것은 용기를 내어 자신의 마음과 직감을 따르는 것입니다.

**끝부분**

⑤ "**간절하게 원하고 끊임없이 도전하라**."
저는 제 자신에게 항상 그러하기를 바랐습니다. 그리고 지금, 새로운 시작을 위해 졸업을 하는 여러분에게도 같은 소망을 가집니다.

**1** 스티브 잡스는 다른 사람의 생각이나 판단에 얽매여 진정으로 원하는 것을 놓치지 말라고 하였습니다. 다른 사람의 생각이나 판단 때문에 하지 못했던 일을 떠올려 보고 그때 어떤 생각이나 느낌이 들었는지 쓰세요.

| 다른 사람의 생각이나 판단 때문에 하지 못했던 일 | 예 나는 축구를 좋아하는데 여자아이라는 이유 때문에 반 친구들이 축구할 때 끼어 주지 않았다. |
|---|---|
| 그때의 생각이나 느낌 | 예 실망스럽고 아쉬운 마음이 들었다. |

| 다른 사람의 생각이나 판단 때문에 하지 못했던 일 | 예 피아니스트가 되고 싶어서 피아노 학원에 계속 다니고 싶은데 부모님께서는 내가 의사가 되기를 바라신다. 그래서 더 이상 피아노 학원에 다니지 못했다. |
|---|---|
| 그때의 생각이나 느낌 | 예 속상하고 슬펐다. |

다른 사람의 생각이나 판단에 얽매여 여러분이 진정으로 원하는 것을 놓치지 마세요. 가장 중요한 것은 용기를 내어 자신의 마음과 직감을 따르는 것입니다.

**2** 스티브 잡스는 스탠퍼드대학교 학생들에게 좋아하는 일을 찾으라고 하였습니다. 내가 좋아하는 일은 무엇인지 생각해 보고, 그 일을 계속해 나가기 위해서 어떤 노력을 해야 할지 생각하여 쓰세요.

좋아하는 일

✎ 예 • 나는 신나는 리듬에 맞춰 춤추는 것을 좋아한다.
• 나는 애니메이션 영화를 보는 것과 만화 그리는 것을 좋아한다.
• 나는 별자리를 관찰하고 우주 과학에 대한 책을 읽는 것을 좋아한다.

앞으로 노력해야 할 일

✎ 예 • 음악을 듣고 그 음악에 어울리는 춤 동작을 생각해 낸다.
• 애니메이션 영화를 만드는 과정에 대해 공부하고 다양한 만화 캐릭터와 스토리를 만들어 본다.
• 별자리와 우주 과학에 대한 책이나 자료를 찾아 꾸준히 공부하고, 우주 과학관에 자주 찾아가서 별을 관찰하며 우주에 대한 새로운 정보를 얻는다.

**3** 다음은 스티브 잡스가 했던 명언들입니다. 어떤 명언이 가장 마음에 드는지 써 보고, 그렇게 생각하는 까닭을 쓰세요.

• 우리가 이룬 것만큼 이루지 못한 것도 자랑스럽습니다.
• 가끔은 혁신을 추구하다 실수할 때도 있습니다. 하지만 빨리 인정하고 다른 혁신을 개선해 나가는 것이 최선입니다.
• 위대한 일을 하는 유일한 방법은 바로 당신이 하는 일을 사랑하는 것입니다.

마음에 드는 명언

예 우리가 이룬 것만큼 이루지 못한 것도 자랑스럽습니다.

그렇게 생각하는 까닭

예 어떤 목표를 달성하려면 끊임없는 도전과 노력이 필요하고 이런 과정을 겪으면서 목표를 이루기도 하고 이루지 못하기도 합니다. 비록 이루지 못했어도 목표를 이루려고 노력하는 과정 속의 내 모습도 아름답기 때문입니다.

**4** 내가 만약 스티브 잡스처럼 세상을 놀라게 할 만한 제품을 만든다면 무엇을 만들지 그림으로 나타내어 보고, 그 제품의 특징을 간단하게 쓰세요.

제품의 특징

✎ 예 • 손목시계처럼 간편하게 몸에 차고 다닐 수 있는 소형 컴퓨터로, 컴퓨터를 통해 그날그날의 기분, 신체 변화 등을 측정하여 개인의 건강 상태를 진단할 수 있다.
• 진단 결과에 따라 효과적인 치료법과 먹어야 하는 약, 환자 상태에 알맞은 운동 방법, 꼭 먹어야 할 음식 등을 알려 준다.
• 건강 상태를 데이터로 관리할 수 있다.

만들고 싶은 제품의 기능이나 좋은 점 등을 설명해 봐. 그림으로 표현하기 어려우면 간단히 글로 써도 좋아.

## 해설

**1** 다른 사람들의 생각이나 판단 때문에 하지 못했던 일을 떠올려 보고, 그때 어떤 생각이나 느낌이 들었는지 솔직하게 표현해 봅니다.

**2** 내가 평소에 좋아하고 앞으로 하고 싶은 일이 무엇인지 떠올려 보고, 그 일을 계속해서 발전시키려면 어떤 노력이 필요할지 생각하여 써 봅니다.

**3** 스티브 잡스가 남긴 각 명언들에 담긴 뜻이 무엇인지 생각해 보고 마음에 드는 명언을 까닭과 함께 씁니다.

**4** 내가 만들고 싶은 제품을 떠올려 그림으로 그려 보거나 글로 써 보고, 그 제품의 기능, 좋은 점 등을 간단히 정리하여 써 봅니다.

## 읽기 전 생각 열기

**1** 다음을 보고 서로 관련 있는 것끼리 선으로 이으세요.

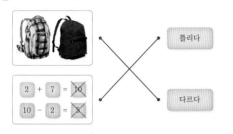

틀리다

다르다

2 + 7 = 10
10 - 2 = 8

**2** 다음 사진 속 어린이들은 어떤 점이 서로 다른지 세 가지 쓰세요.

✏ [예] • 피부색이 다르다.
• 머리카락의 색깔과 머리 모양이 다르다.
• 나이와 성별이 다르다.
• 자라 온 환경, 살고 있는 지역, 언어, 문화가 다르다.

**3** 다음 광고에서 말하려는 내용은 무엇이겠는지 쓰세요.

모두
살색입니다

외국인 근로자도 피부색만 다른 소중한 사람입니다
돌아가서 우리나라를 세계에 알릴 귀한 손님입니다

우리 민족은 작은 키의 얼굴을 누구보다 잘 알고 있습니다.
일제 시대의 아픔이 아직도 우리 가슴에 아물지 않고 남아 있습니다.
그래서 요즘 심심찮게 들려오는 외국인 노동자인권유린의 소식들은
더욱 우리의 마음을 아프게 합니다.
우리나라에 온 귀한 손님들에게 동방예의지국의 이미를
다시 한번 보여 줄 때입니다.

*인권유린: 사람이 사람답게 살 권리를 해치는 일.

kobaco 한국방송광고공사
공익광고협의회

크레파스의 색깔이
다르지만 모두 살갗의
색을 나타낸다는 사실과
관련 지어 생각해 봐.

✏ [예] • 피부색이 다르다는 이유로 외국인 근로자들을 차별해서는 안 된다.
• 우리나라에 일하러 온 외국인 노동자들의 인권을 보호해 주어야 한다.
• 피부색이 다르다고 차별하지 말자.

### 해설

**1** '틀리다'는 '셈이나 사실 따위가 그르게 되거나 어긋나다.'라는 뜻이고, '다르다'는 '비교가 되는 두 대상이 서로 같지 아니하다.'라는 뜻입니다.

**2** 사람은 태어나면서부터 저마다 피부색이나 생김새 등의 외모가 다르고, 자라 온 환경이나 지역에 따라 언어, 종교, 문화 등이 서로 다릅니다.

**3** 흰색, 살구색, 검정색 모두 살갗의 색을 나타낸다는 내용의 광고입니다. 우리나라에 온 외국인 노동자의 인권을 소중히 여기자는 내용이 담겨 있습니다.

## 읽기 전 낱말 탐구

**1** 다음 낱말 카드의 글자를 이용해서, 빈칸에 알맞은 두 글자 낱말을 쓰세요.

통 권 치 력

왕이 **통치** 을/를 잘해야 나라가 안정되고 백성이 편안하다.

죽음 앞에서는 아무리 많은 재산과 **권력** 이/가 있더라도 소용이 없다.

권 거 선 인

비밀 투표 방식으로 회장 **선거** 을/를 하였다.

개인의 **인권** 을/를 무시하는 사회는 발전할 수 없다.

저 구 호 항

화가 난 시민들이 다 함께 **구호** 을/를 외치며 달려 나왔다.

끝까지 **저항** 하는 적군들을 모조리 잡아들였다.

**2** 주어진 뜻을 가진 낱말에 ○표하여 주어진 문장을 완성하세요.

정치적 목적을 이루기 위한 방법.

정부에서는 환경을 보호하고 전기를 절약하기 위한 다양한 ~정벌~ (정책) 정착 을 펼치고 있다.

여럿이 어떤 목적을 위하여 모임.

동물 보호 단체에서는 이번 집단 집행 (집회) 이/가 평화적으로 이루어지도록 애쓰고 있다.

길잡이.

교육부에서 미세 먼지 발생 시 학생들을 보호하기 위한 지탄 지층 (지침) 이 내려왔다.

모였던 사람이 흩어짐.

경찰은 행진을 마치고 광장에 모인 수많은 사람들에게 해결 해방 (해산) 명령을 내렸다.

벌 떼처럼 때 지어 세차게 일어남.

관리들의 지나친 사치에 불만을 가진 농민들이 전국에서 위기 (봉기) 시기 를 일으켰다.

새 임무를 맡고 처음 나감.

새로 오신 교장 선생님께서는 (취임) 취직 취학 연설을 끝내자마자 각 교실을 직접 둘러보셨다.

### 낱말 탐구

✦ **통치**: 나라나 지역을 도맡아 다스림.

✦ **인권**: 인간으로서 당연히 가지는 기본적 권리.

✦ **저항**: 어떤 힘이나 조건에 굽히지 아니하고 거역하거나 버팀.

✦ **정벌**: 적 또는 죄 있는 무리를 무력으로써 침.

✦ **정착**: 일정한 곳에 자리를 잡아 붙박이로 있거나 머물러 삶.

✦ **집행**: 실제로 시행함.

✦ **지탄**: 잘못을 지적하여 비난함.

✦ **해방**: 자유를 억압하는 것으로부터 벗어나게 함.

**한줄톡!** ❶ 흑백   ❷ 아프리칸스 어   ❸ 반대하는

**77쪽**

**내용 확인** ❶ ④   ❷ 아파르트헤이트   ❸ ②
❹ (1) ○

❶ 남아프리카 공화국은 무려 300여 년 동안 네덜란드와 영국의 식민 지배를 받았습니다.

❷ 아파르트헤이트(Apartheid)는 '분리·격리'를 뜻하며, 남아프리카 공화국에서 백인들이 백인 우월주의를 내세우며 흑인들을 지배했던 인종 차별 정책입니다.

❸ 흑인끼리만 모여 살았으며 흑인 전용 학교를 다녔다고 하였습니다.

❹ 정부에서 영어와 아프리칸스 어만 사용하라는 지침을 내리자, 1976년 6월 16일에 헥터 피터슨은 친구들과 함께 아프리칸스 어 강제 사용에 반대하는 소웨토 집회에 참여하였습니다.

**한줄톡!** ❹ 신문   ❺ 흑인 인권   ❻ 피부색

**83쪽**

**내용 확인** ❶ (3) ○   ❷ 소웨토 봉기   ❸ ②
❹ 평등

❶ 집회 도중에 헥터 피터슨은 경찰이 쏜 총에 맞았고, 병원으로 옮겨졌으나 총을 맞은 순간 이미 세상을 떠났습니다.

❷ 소웨토 봉기로 인해 다른 나라에서 남아프리카 공화국을 비판하는 목소리가 커지자, 정부는 인종 차별 정책을 서서히 없애고 피부색에 따라 나누었던 인종 등급도 없앴습니다.

❸ 넬슨 만델라는 남아프리카 공화국 최초의 흑인 대통령입니다. ②는 넬슨 만델라가 한 일로 알맞지 않습니다.

❹ 헥터 피터슨의 죽음은 피부색이나 외모로 사람을 평가하고 차별하면 안 된다는 것, 모든 사람은 평등하다는 것을 일깨워 주었습니다.

---

## 읽은 후 생각 정리

**1** 『피부색으로 차별받지 않는 무지개 나라』에서 남아프리카 공화국의 인종 차별 정책이 어떻게 달라졌는지 생각하며 빈칸에 알맞은 말을 쓰세요.

### 남아프리카 공화국의 슬픈 역사

① 남아프리카 공화국은 1652년부터 무려 300여 년 동안 네덜란드와 영국의 식민 지배를 받았고, 그때부터 흑인들은 땅과 자원을 모두 낯선 **백인들** 에게 빼앗겼다.

② 1948년에 '아파르트헤이트'라는 **인종 차별** 정책에 따라 정부는 신분증에 인종 등급을 표시하고 백인과 흑인의 거주 지역을 분리하는 등 흑인과 백인을 엄격하게 구분하였다. 남아프리카 공화국은 점점 백인들만을 위한 나라가 되어 갔다.

### 헥터 피터슨의 저항과 안타까운 죽음

③ 1976년, 정부에서 **예 영어와 아프리칸스 어 이외에 다른 언어 사용을 금지한다.**

라는 지침이 내려왔고, 이에 분노한 헥터 피터슨과 친구들은 **소웨토** 의 집회 현장에 뛰어가 엉터리 같은 지시를 따르지 않겠다며 큰 소리로 반대 구호를 외쳤다.

④ 평화롭게 구호를 외치던 학생들에게 경찰들이 갑자기 총을 마구 쏘았고, 그곳을 뛰쳐나오던 헥터 피터슨이 머리에 총을 맞고 세상을 떠났다.

⑤ 헥터 피터슨이 총에 맞은 모습을 찍은 사진이 신문에 실리자, 분노한 시민과 학생들이 소웨토에서 **예 인종 차별 정책에 반대하는 시위를** 했고 점차 주변 지역으로 확산되었다. 이로 인해 정부는 인종 차별 정책을 없애고, **피부색** 에 따라 나누었던 인종 등급도 없앴다.

### 무지개의 나라, 남아프리카 공화국

⑥ 1994년, 역사상 처음으로 백인과 흑인이 모두 치르는 평등 선거에서 흑인인 **넬슨 만델라** 이/가 대통령이 되었고, 다양한 피부색의 사람들이 서로 어울려 살 수 있는 **무지개 나라** 을/를 만들기 위해 노력하였다.

⑦ 2002년, 헥터 피터슨이 숨진 거리에 **헥터 피터슨 박물관** 이/가 세워졌고, 남아프리카 공화국의 인종 차별 정책도 없어졌지만 여전히 흑인들은 차별받으며 가난하게 살고 있다. 사람은 **태어날 때부터 평등** 하다는 것을 잊지 말아야 한다.

**1** 다음 상황에서 백인과 흑인은 각각 어떤 생각을 하였을지 쓰세요.

흑인 사용 금지

| 백인 | (예) 자신이 피부색이 검은 사람(흑인)보다 뛰어난 존재이기 때문에 같은 의자를 사용하지 않거나 공간을 분리하는 것은 당연하다. |
| 흑인 | (예) 자신이 잘못한 것도 없고, 백인과 다를 것 없는 똑같은 존재인데 차별당해서 억울하고 속상하다. |

**2** 『피부색으로 차별받지 않는 무지개 나라』에 나타난 흑인에 대한 백인들의 차별과, 다문화 가정에 대한 우리나라 사람들의 편견이 어떤 점에서 비슷한지 생각하여 쓰세요.

(예) • 자신들과 다르다고 생각하는 점이 비슷하다.
• 겉모습이 다른 사람을 자신보다 못하다고 여겨 무시하고 차별하는 점이 비슷하다.

**3** 이제 우리나라도 다문화 사회가 되었습니다. 모두 함께 더불어 잘 사는 나라를 만들기 위해 우리가 어떤 노력을 해야 할지 생각하여 쓰세요.

 모든 사람은 태어날 때부터 평등합니다!

|  정부와 여러 기관에서 해야 할 일 | (예) • 인종 차별을 금지하는 정책이나 법을 만든다.<br>• 다양한 문화와 언어에 대한 교육을 실시한다.<br>• 인종 차별에 대한 문제 상황을 알리는 캠페인을 펼친다. |
|  우리가 다문화 이웃과 친구들을 대하는 자세 | (예) • 우리와 다른 나라 사람이 아니라 이웃이라는 인식을 갖는다.<br>• 우리말을 조금 어색하게 한다고 해서 놀리지 않고 모르는 말이 있으면 친절하게 가르쳐 준다.<br>• 먼저 다가가서 친절을 베풀고 어려운 일이 있으면 도움을 주도록 한다. |

**4** 우리 사회에는 다양한 사람들이 모여 살고 있습니다. 다음 그림 속 상황에서 '차이를 배려하는 것'과 '차별 대우하는 것'을 구분하여 ○표 하고 그렇게 생각하는 까닭을 쓰세요.

지하철 좌석에 임산부 배려석을 만드는 것

 차이 배려 . 차별 대우

그렇게 생각하는 까닭

(예) 배 속에 새 생명을 품고 있는 임산부가 좀 더 편리하게 지하철을 이용할 수 있게 배려석을 만드는 것은 약자를 보호하는 것이자 우리 미래를 위하는 일이라고 생각한다.

특정 종교를 믿는 사람의 옷차림이나 행동에 간섭하는 것

차이 배려 . 차별 대우

그렇게 생각하는 까닭

(예) 사람은 누구나 종교의 자유가 있고 각자의 종교는 존중받아야 한다. 그리고 종교적 차이에서 오는 옷차림이나 행동의 다름 또한 인정해 줘야 한다고 생각한다.

**5** 우리 사회에는 인종 차별 말고도 다양한 종류의 차별이 존재합니다. 다음 상황 중 하나를 골라 차별적 상황에 대한 내 생각을 쓰세요.

(예) 몸이 불편하다는 것은 배려를 받을 일이지 차별을 받을 일이 아니다. 도움이 필요한 사람에게 따뜻한 손길을 내밀어야 한다고 생각한다. / 직원을 뽑을 때 일할 수 있는 능력이 중요하다고 생각한다. 성별로 인해 차별받아 일할 기회를 얻지 못하는 것은 옳지 않다.

**6** 다음 두 가지 사건에는 공통점이 있습니다. 이를 통해 알 수 있는 사실은 무엇인지 생각하여 쓰세요.

• 헥터 피터슨과 흑인 친구들이 남아프리카 공화국 정부의 아프리칸스 어 강제 사용 지침에 반대하는 집회에 참여한 일
• 일제 강점기에 우리말 사용을 금지한 일본에 맞서 많은 학자와 국민이 감옥에 갇혀 고통을 겪은 일

(예) • 말과 글에는 그 민족이나 나라의 얼과 정신이 담겨 있다.
• 민족이나 나라가 사용하는 말과 글을 잃으면 그 민족과 나라를 잃은 것과 같다.
• 한 민족의 말과 글을 지키는 것이 민족의 뿌리를 지켜 내는 일이다.

# 4주 양반전

## 읽기 전 생각 열기

**1** 다음 조선 시대 사람들의 생활 모습을 담은 풍속화를 잘 살펴보고, 양반과 평민의 생활이 각각 어떠하였을지 쓰세요.

### 조선 시대 양반의 생활

▲ 단원도    ▲ 반상도

✎ 예 멋과 음악을 즐기며 여유로운 생활을 하였다. / 노비들의 시중을 받고, 평민들에게도 대접받는 생활을 하였다.

### 조선 시대 평민의 생활

▲ 논갈이    ▲ 길쌈    ▲ 대장간

✎ 예 농업, 수공업 등의 일을 하였다. / 여자는 집안일을 하면서 농사 짓는 일이나 옷감 짜는 일도 했다.

**2** 다음은 양반과 평민의 하루 일과를 나타낸 것입니다. 어떤 생각이나 느낌이 드는지 쓰세요.

(1) 양반의 하루 일과

저는 새벽에 일어나 글을 읽는 것으로 하루를 시작합니다. 매일 아침 사당에 들러 조상님께 예를 갖추고, 낮에는 학문을 닦는 일에 힘을 쓰지요. 무엇보다 양반의 품위를 잃지 않는 것이 중요해요.

예 새벽에 일어나 글을 읽는 것으로 보아, 성실한 것 같다. / 매일 아침 조상님께 예를 갖추는 일이 번거로울 것 같다. / 양반의 품위를 지키는 일을 무엇보다 중요하게 생각했다니 답답하다.

(2) 평민의 하루 일과

저는 새벽에 일어나 논밭에 나갑니다. 하루 종일 힘들게 일하지만 땅 주인에게 곡식을 갖거나 세금을 내고 나면 굶주림에서 벗어나기 힘들어요. 관리나 양반들에게 업신여김을 받기도 한답니다.

예 하루 종일 농사일을 하느라 무척 힘들 것 같다. / 고생해서 거두어들인 곡식을 땅 주인에게 갚거나 세금을 낼 때에는 억울할 것 같다. / 똑같은 사람인데 가진 것이 없다고 관리나 양반들에게 업신여김을 받아서 자존심이 상할 것 같다.

### 해설

**1** 옛날 사람들의 생활 모습을 담은 풍속화를 통해 양반과 평민의 생활이 어떻게 달랐을지 짐작하여 써 봅니다.

**2** 양반은 험한 일은 하지 않고 글을 읽고 품위를 지키는 일에만 힘썼고, 평민들은 힘들게 일을 하며 하루하루를 보냈습니다. 양반과 평민의 하루 일과를 잘 살펴보고 어떤 생각이나 느낌이 드는지 써 봅니다.

---

## 읽기 전 낱말 탐구

**1** 다음에서 설명하는 내용을 잘 읽고, 빈칸에 알맞은 낱말을 보기에서 찾아 쓰세요.

보기    상투    버선    벙거지    잠방이

**상투** : 예전에, 장가든 남자가 머리털을 끌어 올려 정수리 위에 들어 감아 맨 것.

**벙거지** : 털로 만든 모자로, 주로 군사에 관한 일을 맡아보던 관아에 속한 종이나 양반집의 하인들이 썼음.

흑립
갓끈
도포
저고리
흑혜
짚신

**버선** : 천으로 발의 모양과 비슷하게 만들어 종아리 아래까지 발에 신는 물건.

**잠방이** : 가랑이가 무릎까지 내려오도록 짧게 만든 홑바지로, 여름철 농사를 지을 때 주로 입었음.

**2** 다음 문장에 어울리는 낱말을 골라 ○표 하세요.

교장 선생님께서는 성품이 어질고 (학식) 격식 이 높아서 많은 사람들의 존경을 받으신다.

시장 상인들은 물건을 팔 때마다 (장부) 출석부 에 꼼꼼하게 기록한다.

옛날에는 신체 (신분) 에 따라 하는 일이나 옷차림이 서로 달랐다.

억울한 일을 당한 고을 백성들이 사또를 만나 문제를 해결하려고 (관가) 관직 에 모여들었다.

도둑이 경찰 (행세) 자세 를 하고 다니며 여러 사람들을 속였다.

그 사람이 범인이라는 확실한 증상 (증거) 을/를 찾아야 한다.

### 낱말 탐구

✦ **학식**: 학문과 사물을 분별할 수 있는 능력을 통틀어 이르는 말.

✦ **장부**: 물건의 들고 나감이나 돈의 수입과 지출을 적어 두는 책.

✦ **신분**: 개인의 사회적인 위치나 계급.

✦ **관가**: 벼슬아치들이 나랏일을 보던 집.

✦ **행세**: 해당되지 않는 사람이 어떤 당사자인 것처럼 행동함. 또는 그런 짓.

✦ **증거**: 어떤 사실을 밝힐 수 있는 근거.

한줄톡! ❶ 천석　❷ 빚진 곡식　❸ 군수

103쪽

**내용 확인** ❶ ㉯　❷ ④
❸ ⑩ 억울하고 불만스러운 마음　❹ 양반 신분

❶ 양반은 살림이 무척 가난하여 늘 관가에서 곡식을 빌려 먹었지만 학식이 높아서 귀한 대접을 받았습니다.

❷ 정선에 들른 강원도 관찰사는 곡식 장부에서 나라의 곡식을 천 석이나 빌려 먹은 양반이 있는 것을 보고는 당장 빌린 곡식을 갚지 못하면 잡아다가 옥에 가두라고 명령했습니다.

❸ 아무리 가난해도 양반은 귀한 대접을 받는 반면에, 자신은 부자이지만 양반 눈치를 보며 살아야 한다는 말에는 억울하고 불만스러운 마음이 담겨 있습니다.

❹ 많은 재산을 모은 부자는 가난한 양반 대신 곡식을 갚고 귀한 대접을 받는 양반 신분을 샀습니다.

한줄톡! ❹ 부자　❺ 이익　❻ 양반 신분

109쪽

**내용 확인** ❶ (1) ○　❷ ①　❸ ㉮, ㉯
❹ 도둑놈

❶ 양반의 신분을 사고파는 모습에서 신분 제도가 엄격히 유지되지 않음을 알 수 있습니다.

❷ 군수는 양반과 부자, 고을 사람들을 관가로 불러 양반이 신분을 팔아 나라 빚을 갚은 사실을 문서를 통해 증명하고자 한다고 하였습니다.

❸ 양반은 쌀값이 얼마인지 알려고 하지도 말아야 하고, 밥보다 국을 먼저 먹거나 국을 후루룩 소리 내어 먹어도 안 된다고 하였습니다.

❹ 부자는 양반이 누리게 되는 불합리한 특권을 듣고 나서 군수에게 자신을 도둑놈으로 만들 작정이냐고 말했습니다.

읽은후 생각 정리　　　　　　　　　　　　　　110~111쪽

❶ 『양반전』에서 양반과 부자에게 일어난 일을 정리하여 빈칸에 알맞은 말을 쓰세요.

① 강원도 정선 고을에 글 읽기를 좋아하고 |학식| 이/가 매우 높은 양반이 살았는데, 온종일 글만 읽다 보니 살림이 무척 가난했다.

 ② 정선에 들른 강원도 관찰사가 곡식 장부를 보고 깜짝 놀랐고, 가난한 양반은 그동안 나라에서 빌려 먹은 |곡식| 천 석을 갚지 못해 옥에 갇힐 신세가 되었다.

 ③ 건넛마을에 사는 부자가 양반을 찾아가 빚진 곡식을 |⑩ 대신 갚아 주고| 양반 신분을 사기로 하였다.

 ④ 양반이 부자에게 신분을 팔았다는 말을 들은 |군수| 은/는 양반과 부자, 고을 사람들을 관가에 불러들여 미리 만들어 놓은 |문서| 을/를 읽기 시작했다.

 ⑤ 군수가 양반이 |해야 할| 일과 해서는 안 되는 일이 적힌 문서를 읽어 나가자, 부자의 얼굴이 조금씩 어두워졌다.

 ⑥ 문서의 내용이 마음에 들지 않은 부자는 군수에게 자신이 좀 더 이익이 되게 |⑩ 문서를 고쳐 달라는| 부탁을 하였다.

 ⑦ 고쳐 쓴 문서의 내용을 듣고 부자는 자신을 |도둑놈| (으)로 만들 작정이냐며 관가를 빠져나갔고, 다시는 |양반| (이)라는 말을 꺼내지도 않았다.

**1** 다음 인물들의 말을 통해 글쓴이가 하고 싶은 말은 무엇이겠는지 생각하여 쓰세요.

양반의 아내

평생 글만 읽더니 이게 무슨 꼴이에요? 그 글이 밥을 줍니까, 고기를 준답니까? 그놈의 양반이란 게 쌀 한 톨의 값어치도 안 되는 것을…… 끗끗!

(예) 평생 글만 읽어서는 생활하는 데 꼭 필요한 음식이나 옷 등을 얻을 수 없다. / 양반이 당장 먹을 쌀 한 톨도 마련할 수 없는 신분이라면 쓸모가 없다.

부자

그만, 그만하시오. 양반 신분을 앞세워 그 많은 일들을 제 마음대로 하다니 참으로 어이없는 일입니다. 이번에는 저를 도둑놈으로 만들 작정입니까? 싫습니다. 싫어요!

(예) 양반이라는 이유로 모든 일을 제 마음대로 하는 것은 옳지 않다. / 온갖 좋은 것을 다 누리고 모든 일을 제 마음대로 하여 이익을 얻으려는 양반은 도둑놈이나 마찬가지이다.

**2** 다음과 같은 상황에서 내가 양반과 부자, 군수였다면 어떻게 행동하였을지 쓰세요.

(1) 곡식을 갚지 못해 옥에 갇힐 처지에 놓인 양반이었다면

(예) 고을 아이들에게 글을 가르쳐 주고, 그 대가로 돈이나 곡식을 받아 빚진 곡식을 조금씩 갚도록 하겠다.

(2) 군수가 쓴 문서가 마음에 들지 않았던 부자였다면

(예) 곡식 천 석을 돌려받고 양반 신분을 사지 않겠다고 말하겠다. / 구체적으로 원하는 항목을 제시하여 문서에 넣어 달라고 하겠다.

(3) 부자가 양반 신분을 샀다는 소식을 들은 군수였다면

(예) 돈을 써서 양반 행세를 하려는 부자가 괘씸하여 큰 벌을 내리고 재산을 빼앗을 것이다. / 양반 노릇을 하는 것이 결코 쉽지 않다고 달래서 양반 신분을 사기 전처럼 살게 할 것이다.

---

**3** 양반이 부자에게 곡식 천 석을 받고 양반 신분을 판 것에 대해 어떻게 생각하는지 내 생각을 쓰세요.

내 생각

양반 신분을 돈이나 곡식을 받고 사고판 것은 (괜찮다), 괜찮지 않다 고 생각한다.

그렇게 생각하는 까닭

(예) 가족이 굶주리고 자신은 옥에 갇히는 신세가 될 바에야 차라리 이름뿐인 양반이란 신분을 팔고 살 길을 마련하는 것이 낫다고 생각하기 때문이다.

**4** 군수가 처음 작성한 다음 문서의 내용에서 비판하고 있는 양반의 모습은 무엇인지 쓰세요.

• 배고픔과 추위를 참고, 가난하다는 말을 절대로 해서는 안 된다.
• 걸을 때 신을 가볍게 끌며 천천히 발걸음을 옮겨야 한다.
• 아무리 더워도 버선을 벗지 말아야 하고, 맨상투 바람으로 밥을 먹어서는 안 된다.

(예) 실속은 하나도 없으면서 겉치레만 중요하게 생각하는 모습을 비판하고 있다. / 체면만 생각하고 겉으로만 그럴 듯하게 꾸미는 모습을 비판하고 있다.

**5** 다음 문서에 나오는 양반처럼, 우리 주변에도 자신의 지위를 앞세워 남에게 피해를 주는 행동을 하는 사람들이 있습니다. 어떤 사람이 있는지 떠올려 보고, 그 사람에게 하고 싶은 말을 쓰세요.

비록 가난하여 시골에 살더라도 모든 것을 제 마음대로 할 수 있다. 이웃의 소를 가져다가 자기 밭을 먼저 갈게 할 수 있고, 마을 농부들을 불러 자기 논일을 먼저 시켜도 되고, 천한 백성을 코에 물을 들이붓고 상투를 잡아당기고 수염을 뽑아도 감히 양반을 원망하거나 어찌할 수 없다.

떠올린 사람

(예) 음식점 아르바이트 학생에게 반말을 하며 거칠게 말하는 아저씨

남을 무시하거나 남에게 피해를 끼치는 행동을 하면 안 돼요!

그 사람에게 하고 싶은 말

(예) 음식점에서 아르바이트를 하는 학생에게 무턱대고 반말을 하며 거친 말을 하는 것은 아주 나쁜 행동입니다. '손님은 왕이다.'라는 말이 있지만, 왕다운 행동을 할 때 대접도 받을 수 있는 것이라 생각합니다. 앞으로는 상대방의 입장을 배려하며 행동하시길 바랍니다.

---

**1** 양반의 아내는 아무것도 할 줄 모르는 양반을 원망하며, 양반 신분이 아무 소용 없다고 생각했습니다. 부자는 신분을 앞세워 온갖 권리를 누리고 제 마음대로 자신의 이익만 얻으려는 양반을 도둑놈과 다를 바 없다고 생각했습니다.

**2** 주어진 상황에서 내가 양반, 부자, 군수였다면 어떤 행동을 하였을지 생각해 보고 구체적으로 써 봅니다.

**3** 이 글의 양반처럼 양반 신분을 돈이나 곡식으로 사고파는 행위에 대해 어떻게 생각하는지 써 봅니다.

**4** 처음 군수가 작성한 문서에는 체면과 겉치레만 중요하게 생각하는 양반의 모습이 드러나 있습니다.

**5** 자신의 사회적 지위와 신분 등을 내세워 이익을 얻거나 남에게 피해를 주는 사람을 떠올려 보고, 그런 사람들에게 하고 싶은 말을 바르게 정리하여 썼으면 정답으로 합니다.

39쪽

★ 산더미처럼 쌓인 물건들이 있네요. 이 물건들 속에서 아주머니가 잃어버린 8개의 물건을 찾아 ○표 하세요.

65쪽

★ 일회용 봉투의 사용을 줄이기 위한 나만의 에코 백을 꾸며 보세요.

91쪽

★ 동물원의 담장이 무너져 동물 친구들이 섞여 버렸어요!
같은 동물을 찾아 아래와 같은 색으로 칠하고, 각각 몇 마리씩 있는지 세어 쓰세요.

117쪽

## 재미로 보는 **심리 테스트 결과**

### ① 꽃 무늬

한 사람에게 빠지면 그 사람만 바라보는 편이네요. 좋은 게 있으면 다 주고 싶은 마음! 당신이 좋아하는 그 사람은 운이 좋군요.

### ② 하트 무늬

'내가 그 사람을 좋아하는 게 맞나?'라고 끊임없이 자신에게 묻는 편이네요. 작은 말과 행동에도 상처를 받고 마음에 담아 두고요. 서운한 게 있다면 대화로 풀어 보세요.

### ③ 점 무늬

사랑보다 우정을 더 중요하게 생각하는 편이네요. 좋아하는 사람이 있더라도 친구와의 우정을 위해 포기하기도 하고요. 때로는 자신의 마음을 솔직하게 표현해 보세요.

### ④ 별 무늬

이벤트를 좋아하는 당신은 좋아하는 사람에게 깜짝 선물하는 것을 좋아하는 편이네요. 평범한 선물이 아닌 특별한 선물로 상대방을 감동시키는 능력을 가졌어요.

## 기사문 어떻게 쓸까요?

**122~125쪽**

**1** ④ **2** (2) ○ (3) ○ **3** 경주 수학여행 **4** 현서
**5** (3) ○ **6** (1) 우리초등학교 학생, 학부모, 교사 50명 (2) 지난 10월 6일부터 7일까지 (3) 우리초등학교 대강당 (4) '마음의 벽 허물기'를 위한 캠프 (5) 첫째 날에는 '역할극 놀이'를 하여 서로의 입장을 알아보는 시간을 가졌고 둘째 날에는 '대화합 한마당 잔치'를 하며 참여자 모두 한마음이 되는 소중한 기회를 가짐. (6) 함께 시간을 보내며 서로를 이해하고 배려하는 시간을 갖기 위해서 **7** (1) 누가 (2) 무엇을 (3) 어디서 **8** 고구마는 10월 초쯤 수확을 하기 시작하여 서리가 내리기 전에는 마쳐야 한다.

**1** 가장 먼저 어떤 내용을 쓸지 기삿거리를 정해야 합니다.

**2** 오래전에 일어난 일이나 개인적인 일은 기삿거리로 알맞지 않습니다.

**3** 민준이는 경주 수학여행을 기삿거리로 정하였습니다.

**4** 기사문의 제목은 기사의 내용이 한눈에 들어오도록 정해야 합니다.

**5** 기사의 내용이 한눈에 들어오는 제목은 (3)입니다. (1), (2)로는 기사의 내용을 제대로 파악할 수 없습니다.

**7** 육하원칙은 '누가, 언제, 어디서, 무엇을, 어떻게, 왜'를 말합니다.

**8** 마지막 문장은 기사 내용과 거리가 먼 내용이므로 삭제해야 합니다.

## 이렇게 써 봐요!

**1** 기사로 쓸 사건 또는 대상을 떠올려 보세요.

> 예 학교 봉사 동아리에서 크리스마스에 노인 복지관을 방문하여 봉사한 일

**2** **1**에서 답한 내용을 정리하거나 조사하여 육하원칙에 맞게 빈칸에 쓰세요.

| 누가 | 예 ○○초등학교 봉사 동아리 '나눔사랑' 학생 30여 명 |
|---|---|
| 언제 | 예 20○○년 12월 25일 |
| 어디에서 | 예 부산 남구 지역 노인 복지관 |
| 무엇을 | 예 다양한 나눔 활동을 |
| 어떻게 | 예 • 어르신들을 위한 간식을 준비하고 윷놀이, 공기놀이 등 다양한 활동을 하였음.<br>• 한 달 동안 방과 후 활동에서 배운 춤을 선보였음. |
| 왜 | 예 크리스마스를 뜻깊게 보내기 위하여 |

**3** **2**에서 정리한 내용을 바탕으로 하여 기사문의 제목을 정해 보세요.

> 예 ○○초등학교 봉사 동아리 '나눔사랑', 어르신들을 위한 봉사 활동 실시

**4** **1**~**3**에서 정리한 내용을 바탕으로 하여 육하원칙이 잘 드러나게 기사문을 쓰세요.

> 예 ○○초등학교 봉사 동아리 '나눔사랑',
> 어르신들을 위한 봉사 활동 실시
>
> ──────────
>
> 다양한 나눔 활동으로 뜻깊은 크리스마스 맞이해
>
> ──────────
>
> 20○○년 12월 25일, 부산 ○○초등학교 봉사 동아리 '나눔사랑' 학생 30여 명이 크리스마스를 뜻깊게 보내고자 부산 남구 지역 노인 복지관에 방문하여 다양한 나눔 활동을 실시하였다.
> 어르신들을 위한 간식을 준비하고, 윷놀이, 공기놀이 등 다양한 활동을 하며 시간을 보냈다. 또한 한 달 동안 방과 후 활동에서 배운 흥겨운 춤을 선보였다. 활동에 참여한 4학년 조은비 학생은 "남을 배려하고 나눔을 실천하는 봉사 활동이 너무 보람찼습니다. 앞으로도 나눔을 계속 실천할 것입니다."라고 말했다.
> 동아리 '나눔사랑'은 그동안 교내 외에서 환경 보호 캠페인, 마을 축제 지원 등의 다양한 봉사 활동을 펼쳐 왔다.

## 연설문 어떻게 쓸까요?

130~133쪽

**1** 진주　**2** 소원, 관심　**3** ④　**4** ④

**5** (1) ③ (2) 태경, 수민　**6** (3) ○　**7** ④

**1** 연설문의 처음 부분에는 듣는 사람의 관심을 끄는 말을 씁니다.

**2** 듣는 사람의 관심을 끌기 위해 하느님에게 자신의 세 가지 소원에 대해 말하며 처음 부분을 시작했습니다.

**3** ㉮는 마무리하는 말로, 연설문의 끝부분에 들어갈 내용으로 알맞습니다.

**4** 연설문의 처음 부분은 듣는 사람의 관심을 끌 수 있는 내용으로 시작하는 것이 좋습니다. 헌 실내화와 새 실내화의 이야기로 듣는 사람의 관심을 이끌어 낸 ④가 더 잘 쓴 연설문입니다.

**5** (1) 김구 선생은 과거에도 현재에도 미래에도 우리나라가 독립국이 되는 소원을 이루려고 살 것이라고 했으므로 이를 통해 글쓴이의 주장을 알 수 있습니다.

(2) 연설문은 여러 사람 앞에서 말하는 것이기 때문에 높임말을 써야 합니다.

**6** 매달 친구들이 좋아하는 곳으로 현장체험 학습을 가면 즐겁고 행복하게 학교생활을 할 수 있습니다. 따라서 (3)이 적절한 근거입니다.

**7** 연설문의 끝부분은 듣는 사람의 변화를 이끌어 내기 위하여 희망적인 마무리를 합니다. 끝부분에서 앞에서 말하지 않은 새로운 공약이나 앞부분의 내용과 관련이 없는 내용을 말하는 것은 알맞지 않습니다.

## 이렇게 써 봐요!

**1** 우리 주변에서 일어나는 일 중 해결하고 싶은 문제 상황을 한 가지 쓰세요.

> 예 평소 즉석식품을 즐겨 먹는 문제 / 책을 잘 읽지 않는 문제 / 지구 온난화의 원인인 이산화 탄소의 배출량이 증가하는 문제

**2** **1**에서 답한 내용 중 하나를 골라 문제 상황을 해결할 수 있는 주장을 쓰세요.

> 예 '어스아워' 운동에 동참하자.

**3** **2**에서 답한 내용을 바탕으로 하여 연설문을 쓰기 위한 계획을 세워 빈칸에 알맞게 쓰세요.

| 처음 | |
|---|---|
| 문제 상황 제시 | 예 북극 그린란드 전체 빙하의 절반이 녹았다고 함. 기상 이변과 지구 온난화가 심각한 상태임. |
| 가운데 | |
| 주장과 근거 제시 | 예 • 일 년에 하루 한 시간 전기를 끄는 '어스아워' 운동에 동참하자.<br>• 이산화 탄소 배출량을 줄여 지구 온난화를 방지할 수 있음.<br>• 평소에도 전기를 아껴야 한다는 생각을 할 수 있음. |
| 끝 | |
| 희망적으로 마무리하기 | 예 우리의 작은 실천으로 죽어 가는 북극곰을 살릴 수 있음. |

**4** **3**에서 정리한 내용을 바탕으로 하여 연설문을 쓰세요.

> 제목: 예 지구를 살리는 '어스아워' 운동에 동참합시다
>
> 　얼마 전 북극 그린란드라는 곳에 있는 빙하의 45%가 녹아 없어지고 있다는 소식이 전해졌습니다. 이런 기상 이변과 지구 온난화는 환경 문제의 심각성을 보여 주는 것입니다. 이런 현상의 원인 가운데 하나가 이산화 탄소 배출량의 증가입니다. 우리는 이산화 탄소 배출량을 줄이기 위해 노력해야 합니다.
>
> 　그렇다면 우리가 할 수 있는 일은 무엇일까요? '어스아워' 운동에 동참합시다. '지구를 위한 한 시간'을 뜻하는 '어스아워'는 일 년에 하루 한 시간 동안 전기 스위치를 내리는 운동입니다. 이 운동에 많은 사람이 참여하면 이산화 탄소 배출량을 줄여 지구 온난화를 방지할 수 있습니다. 우리의 작은 불편함이 큰 결과를 가져올 것입니다. 그리고 이 운동을 통해 평소에도 전기를 아껴 써야 한다는 생각을 갖게 될 수 있습니다.
>
> 　우리의 작은 실천으로 죽어 가는 북극곰을 살리고 지구를 지킬 수 있습니다. 더 늦기 전에 함께 합시다.

# 독서노트

## 내가 읽은 책은?

읽은 날짜   월   일

| 책 제목 | 헬로! 두떡 마켓 |
| --- | --- |
| 글쓴이 | 김이플 |

**1** 이 글을 읽고 기억에 남는 장면과 그 까닭을 쓰세요.

✔ 기억에 남는 장면

예) 리원이가 잠든 언니를 바라보며 눈물을 흘리는 장면

✔ 그 까닭

예) 남한에서 열심히 살려고 노력하는 리원이와 리애 언니가 자랑스럽고, 북한에 있는 엄마를 그리워하는 리원이의 모습이 안쓰럽게 느껴졌기 때문이다.

**2** 이 글을 읽고 어떤 생각이나 느낌이 들었는지 쓰세요.

예) 북한에서 온 사람들에게 좀 더 관심을 갖고 따뜻하게 대해 주어야겠다는 생각이 들었다. / 우리나라가 빨리 통일을 이루어 남북한 사람들 모두 평화롭고 행복하게 살았으면 좋겠다.

만족도  · 재미 ·  · 지식 ·  · 감동 ·  총 평점
★★★★★  ★★★★★  ★★★★★  ★★★★★

※ 가이드북 16쪽에 있는 예시 답안을 확인하세요.

---

## 내가 읽은 책은?

읽은 날짜   월   일

| 책 제목 | 2005 스탠퍼드대학교 졸업식 연설문 |
| --- | --- |
| 글쓴이 | 스티브 잡스 |

**1** 이 글을 읽고 기억에 남는 장면과 그 까닭을 쓰세요.

✔ 기억에 남는 장면

예) 스티브 잡스가 자기가 세운 애플에서 물러나 쓰라린 아픔을 겪은 내용

✔ 그 까닭

예) 십 년 동안이나 일에 몰두하며 키운 회사에서 물러나야 했던 스티브 잡스의 괴로움이 느껴졌기 때문이다.

**2** 이 글을 읽고 어떤 생각이나 느낌이 들었는지 쓰세요.

예) 나도 스티브 잡스처럼 좋아하는 일에 최선을 다하고 끊임없이 노력하는 사람이 되어야겠다. / 나도 스티브 잡스처럼 사람들이 좋아할 만한 편리한 물건을 만들고 싶다.

만족도  · 재미 ·  · 지식 ·  · 감동 ·  총 평점
★★★★★  ★★★★★  ★★★★★  ★★★★★

※ 가이드북 16쪽에 있는 예시 답안을 확인하세요.

---

## 내가 읽은 책은?

읽은 날짜   월   일

| 책 제목 | 피부색으로 차별받지 않는 무지개 나라 |
| --- | --- |
| 글쓴이 | 김이경 |

**1** 이 글을 읽고 기억에 남는 장면과 그 까닭을 쓰세요.

✔ 기억에 남는 장면

예) 헥터 피터슨이 경찰이 쏜 총에 맞아 피를 흘리며 쓰러진 모습

✔ 그 까닭

예) 자신의 권리를 찾으려고 평화롭게 집회를 하다가 총을 맞고 쓰러진 헥터 피터슨이 너무 가엾고 불쌍하게 느껴졌기 때문이다.

**2** 이 글을 읽고 어떤 생각이나 느낌이 들었는지 쓰세요.

예) 나와 다르다는 이유로 다른 사람을 차별하거나 편견을 가지지 않도록 주의해야겠다는 생각이 들었다. / 주변에서 만나는 사람들을 모두 평등하게 대하도록 노력해야겠다.

만족도  · 재미 ·  · 지식 ·  · 감동 ·  총 평점
★★★★★  ★★★★★  ★★★★★  ★★★★★

※ 가이드북 16쪽에 있는 예시 답안을 확인하세요.

---

## 내가 읽은 책은?

읽은 날짜   월   일

| 책 제목 | 양반전 |
| --- | --- |
| 글쓴이 | 박지원 |

**1** 이 글을 읽고 기억에 남는 장면과 그 까닭을 쓰세요.

✔ 기억에 남는 장면

예) 부자가 고개를 절레절레 흔들면서 관가를 빠져나가는 장면

✔ 그 까닭

예) 깜짝 놀라 도망치는 모습이 우습기도 하고, 양반이 도둑놈과 다를 바 없다는 것을 알게 된 부자의 마음도 잘 느껴졌기 때문이다.

**2** 이 글을 읽고 어떤 생각이나 느낌이 들었는지 쓰세요.

예) 시대에 뒤떨어지고 능력 없는 양반이 답답하게 느껴졌다. / 양반 신분이 되지도 못하고 곡식 천 석만 날리게 된 부자가 안타깝다는 생각이 들었다. / 계급을 나누는 신분 제도가 사라진 것이 다행이라고 생각되었다.

만족도  · 재미 ·  · 지식 ·  · 감동 ·  총 평점
★★★★★  ★★★★★  ★★★★★  ★★★★★

※ 가이드북 16쪽에 있는 예시 답안을 확인하세요.